赵汝珍◎原著
窦广利◎选编

赵汝珍

说

铜器

中国书店

图书在版编目（CIP）数据

赵汝珍说铜器 /（民国）赵汝珍原著.——北京：中国书店，2011.4

ISBN 978-7-5149-0027-9

Ⅰ.①赵… Ⅱ.①赵… Ⅲ.①铜器（考古）—鉴定—中国

Ⅳ.①K876.414

中国版本图书馆CIP数据核字（2011）第023446号

赵汝珍说铜器

赵汝珍 / 原著　窦广利 / 选编

责任编辑：辛　迪

出版发行　**中国书店**

地　　址：北京市西城区琉璃厂东街115号

邮　　编：100050

印　　刷：北京市十月印刷有限公司

开　　本：787×1092　1/16

版　　次：2011年4月第1版　2011年4月第1次印刷

字　　数：120千字

印　　张：13

书　　号：ISBN 978-7-5149-0027-9

定　　价：78.00元

前 言

　　赵汝珍，民国时期北京琉璃厂"萃珍斋"古玩铺东家，以收藏宣德炉起家。赵汝珍自幼酷爱收藏古董，成年后致力考古；又受其岳父，著名学者、古董收藏家余戟门影响，文物知识广博庞杂，于业内各种门道秘技了然于胸。

　　赵汝珍于1942年编著完成《古玩指南全编》一书，书中涉及到书画、瓷器、铜器、古钱、宣德炉、铜镜、玉器、笔、墨、纸、砚、漆器、珐琅等各种文玩，不仅述其源、论其流，且赏其美、辨其伪，尤其全面揭示了各种器物的作假方法，多角度全方位介绍了博大精深的中国古代文化艺术。此书一成，即被视为古玩界公认的最权威、最系统的鉴定参考书，影响了数辈古玩收藏家、爱好者。古董收藏者刚入门时，它是系统了解中国文物的学习宝典；文史爱好者休闲时，它是品评传统文化的独特窗口；文博研究者考证历史时，它是总结一个时期多个行业的资料宝库；文物鉴定家著述时，它又是经典论述的引证资源和著述方式的有益参考。

　　大概赵汝珍也没想到，这本著作会在文物界引起如此巨大的反响。他声明这本书是"编述之作"，表明是在总结并继承前人经验的基础上完成的，即"不掠古人之美"，作为一个传统学者，其谦逊的治学态度也值得后人赞美。

不过，写作此书时，中国语文正处于由文言文向现代白话文的过渡时期，赵汝珍无疑也受到各种表述方式的影响。再加上古玩行专业性强，其原著现在阅读起来颇费周折。为了方便现代人的阅读习惯，在尊重原著作的基础上，我们不仅对原著进行标点，且翻译为白话文，并精心选配珍贵实物图片，以飨玩家好奇之心，藏家搜罗之癖。

需要指出的是，虽然随着科技的发展和考古的新发现，赵汝珍的许多观点已经过时，但无论出现多么先进的鉴定仪器，传统的文物鉴定方法至今仍有重要的指导意义，这些毕竟是历代古玩鉴定者从实践中得出的宝贵经验，我们应该以辨证的眼光来分析，有选择性的汲取。

为了方便阅读，此套丛书立足《古玩指南全编》，择其精华，分为《赵汝珍说杂项》《赵汝珍说铜器》《赵汝珍说陶瓷》《赵汝珍说文房清供》四册。虽然编著者尽心竭力务使此书完善，但水平所限仍难免有疏漏之处。诚惶诚恐，以待读者检验，亦望方家不吝赐教。

编著者

2011年3月1日

目录 | Contents

铜器概说

历代铜器概述

我们在祭祀、宴享、饮食、烹调及日常生活中，所使用的器皿数量繁多，器质繁杂。但在古代各种质料还未发明的时候，平民百姓使用的器具多是陶器，而帝王及王公将相等上层社会人物为了表示自己地位的优越和身份的尊贵，都使用铜器。

古代铜器之所以珍贵，是因为那个时候使用的铜器都是原铜制作的。原铜是与金、银相互混合而存在的，而古代将金、银分离出来的技术还不成熟，所以原铜内都含有金、银的成分。因此虽称之为铜，其实是铜与金、银的混合物。在当时还没有纯金的时候，人们眼中的铜就像我们现

▲ 黄帝铸鼎

在眼中的金、银一样珍贵，所以人们都认为铜器是独一无二的贵重物品，不是国家最重要的典礼不能使用铜器，不是上层社会的人也没有财力使用铜器。古代铜器就像我们现在的金银器具一样贵重，在用途上和制作时非常注意，这就是古代铜器之所以精妙绝伦的原因。

铜器的开始使用年代史书中没有确切的记载，因此无法考证。一般认为起自黄帝时期。据《子华子》记载："黄帝之治天下，百神受职于明堂之庭，帝乃采铜于首山，作大炉铸神鼎于山上。"这段话虽然并没有说明使用铜器是这时候开始的，但在此之前并没有制作铜器的记载，因此说铜器的启用始自黄帝也是极其合理的。不过，还有人认为铜器的发明远在黄帝以前，理由是现今出土的铜器的质地、花纹、颜色都与黄帝以前的遗迹相符，这种观点也有一定道理。不过，中国任何器物都是经过循序渐进地改进，最后形成比较

▲ 黄帝

中华民族始祖，人文初祖，远古时期部落联盟首领；少典之子，出生成长于陕西姬水，因而姓姬，居轩辕之丘(在陕西省武功县)，故号轩辕氏，葬于陕西桥山黄帝陵。

固定的形态。这并不像西洋那样，重大发明在期前期后都有截然不同的明显区分。即使黄帝以前确实存在铜器，其用途也不很重要，其质地及做工也不是很精良，所

▲ **大禹**

　　姒姓夏后氏，名文命，号禹，后世尊称大禹，夏后氏首领，传说为帝颛顼的曾孙，黄帝轩辕氏第六代玄孙；相传禹治黄河水患有功，受舜禅让继帝位，禹是夏朝的第一位天子，因此后人也称他为夏禹。

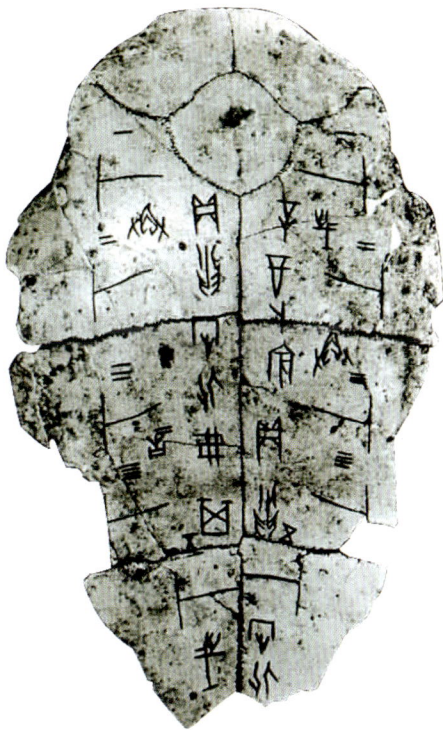

▲ **甲骨文**

　　甲骨文是中国已发现的古代文字中时代最早、体系较为完整的文字。甲骨文主要指殷墟甲骨文，又称为"殷墟文字"、"殷契"，是殷商时代刻在龟甲兽骨上的文字。

以在中国铜器史上并没有太大的价值，舍弃不说也无不可，故将铜器的创始定于黄帝时期是合理的。

　　黄帝铸鼎之后，铜器开始引起国人的重视。在其后的二三千年中，国家举行重要典礼使用的器具以及上层社会使用的器具，无不以铜器为主。只是自黄帝到唐虞这段时期，礼制尚不完备，需要的器具并不繁缛。又因当时文字尚未普及，史书记载也不详细，国家铸造何种器物、社会使用什么器具也无明确记载，只能凭后来出土的器物作一概说，但深究起来又多不正确。并且后人对出土的器物也各有看法，

很少有论断一致的，更兼出土的器物只是全貌之一斑，因而始终不能根据出土的器物对其作一系统的说明，只能就器物而论，无法说明那个时期铜器的全貌。

根据现在所能见到那个时期的铜器，其花纹多浅而粗糙，器具上的铭文都是用刀刻的阳文，字体与现在出土的牛骨、龟甲上的文字完全相同。各种器具的用途及制作的本意大多不能推究，而流传到现在的也为数极少，并且大都破碎不完整，在考古研究及器具鉴赏上都没有太大的意义。因此，对铜器进行研究都是以夏、商、周三代时的东西作为起点。虽然中华文明始于黄帝，但一切典章制度、文物器具都是到三代时才趋于成熟。

▲ 夏代晚期　乳钉纹角

高20.6厘米，口长12.3厘米。现藏上海博物馆。

敞口弧沿，双翼上展，狭长的器身下设有假腹，上有数圆穿，假腹下接三棱形的足；器身一侧带有管形流，腹饰简单的乳钉纹、弦纹。

夏、商、周三代时期，一切的重要器物几乎全为铜器，铜器的重要性比以前更突出，铜器制作也比此前更精良。夏禹铸有象征九州的九鼎，每只鼎上都刻有州名，即兖、冀、青、徐、豫、荆、扬、雍、梁九个州。一般都认为九鼎是江山社稷的代表，国家也将它定为传国之宝，铜器的重要性在这时达到了极点。至于日常的祭祀、宴饮等活动，也全部使用铜器。当时使用的器具中最高贵的莫过于铜器，而在器具制作中倾注心力最多的也莫过于铜器制作者，因而铜器的做工之精良，式样之美观，尺寸之合度，花纹之秀丽，无不佳妙至极。

三代时的铜器在名称、式样、尺寸、花纹、字体及款识方面，也多有改变，各代不尽相同。

夏朝初年制作的铜器上只有阳文古字，还没有制作大段花纹。各种铜器上有款有识，款居内而凹陷，识居外而凸出。款是凹陷的，则字体为鸟迹篆。也有以花纹作为款的，也有无款无识的。大概古人在制造铜器时非常慎重，凡是用心铸造的重要器具上都有款，国家大事所需要的铜器上也有款。用以称功颂德的钟、鼎之类的祭器上则有识，盘、盂用于儆戒的器具上也有识。而普通且不重要的典器则一般是无款无识。夏朝崇尚忠诚，所制作的铜器也反映了这种精神，都是朴直精美，中规中矩。

相比较而言，商代的铜器上的花纹更为精细，只是仍不深入字体，纯是象形虫鱼篆体，笔画虽浅，但比以前的稍宽。到商朝中期，铜器上的花纹虽然仍和从前一样，但字画变得深而宽，然而仍没有粗花

▲ 商代　旅爵

　　通高17.9厘米，通长15.8厘米。现藏上海博物馆。

　　敞口、长流，流口处有伞形柱；长尾，卵形腹。

▲ 西周　龙纹壶

　　现藏上海博物馆。

　　此壶直口，长颈，斜肩，鼓腹甚大，下承圈足。颈两侧设象鼻上举的兽首环耳，套铸有环。腹部有四等分界栏，界栏和圈足饰变形兽体纹，颈部和腹部界栏内均饰卷体龙纹。纹饰疏宽流畅，规整大方，造型典雅庄重，颇有特色。

压细花的制作方法，各种器具上大多是只有识而无款。商朝崇尚质朴，所以铜器大多朴素而没有文字，花纹繁密、款识布满铜器的种类则很少。

　　到了周朝初年，铜器上开始有了粗花压细花的制作方法。其字体虽然大多仍是象形之虫鱼体，但已经间杂有类似大篆的字体了，且笔画由深而宽变得深而窄了。到东周初年时，字体完全变成了大篆，象形文字已经看不到了。但上面的花纹显得粗糙，反而不如以前精细了。至周朝末年，虽然花纹没有变更，但字体已经参用小篆了。周朝尚文，所以那时制作的铜器雕刻细密，款识与夏器略同。

　　总之，夏、商、周三代时期，铜器受到了前所未有的重视，所以对铜器制作格

▲ 《天工开物》中的塑钟模图

外精心。所铸造的铜器都以蜡为模，花纹和款识精细如发，工整清晰。识文的笔画好像凹面朝上的瓦而不深峻，字体大小、深浅如一，洁净清晰，毫无纤毫模糊的痕迹。虽然字体、花纹前后有深浅宽窄之分，但内宽外窄却是同一格调。至于做工方面，全都玲珑剔透，规矩工整，即使和今天的机器制品相比也毫不逊色。当时铸造时对铜的选择极其严格，绝无砂砾等杂质掺杂其间。而且，制作铜器的工人被列入"四民"中，并不像后世那样被视为地位低下之人，所以他们大多具有相当高的知识水平。再加上国家对铜器的制作不计成本并投入大量时间，只追求精美，这三个条件促成三代铜器名垂千古。

秦始皇荡平六国，统一天下，谋万世功绩于一身，极力销毁夏、商、周三代遗传下来的东西，企图以此转变人民的观感。凡是三代遗留下来的合理制度、道德准则、胜迹名物等，都想方设法进行销毁，使民众没有比较好坏的机会，以便于自己专政。铜器是国家重要的器物，合理的政策和言论多在款识中表露出来，于是铜器也成了秦始皇竭尽全力毁坏的目标。所以，铜器发展到秦朝时，不但没有将三代时的成就发扬光大，反而惨遭摧毁，遭到灭顶之灾。即便是夏禹王所铸造的九鼎也未幸免于难。九鼎流传下来已有几千年了，各代都奉为至宝，视若神明，但此时也惨遭毁灭。至于其他铜器，既然没有九鼎重要，也不像九鼎那样巨大伟岸，被毁灭的更是不计其数。三代苦心经营两千余年的重要器具，在秦代几乎毁亡殆尽。铜器遭受的劫难以这一次最为惨重。

在毁坏三代遗物的同时，秦始皇为了

▲ 秦量

高6.2厘米，口径长17.3厘米、宽9.7厘米。

秦始皇鉴于当时各国言语异声、文字异形、车涂异轨，所以有多项统一行动：如颁布官制的度量衡铜器、确订制度；禁绝六国文字、用秦文字所谓仓颉篇为标准；亦即以秦吏为师，改习秦文字。

显示铜器是自秦朝创始而不是以前流传下来的，另辟蹊径，发明了在铜器上镶嵌东西的方法，如镶嵌金银丝、金银片、金银块、大小珍珠、各色宝石及孔雀石等，设计还算精巧，图案也极自然，做工也很佳妙。在款识方面，和周朝末年相同，也是大、小篆参用，但此时以小篆为多。隶书虽然已经行世，但还没有以之作款的。铜器镶嵌之法属于创制，能取得如此成就，实属难能可贵。

汉朝兴起后一改秦制，效仿先王，取法前代，对于夏、商、周三代的规章典制极力恢复，不仅将三代铜器重新置于重要的地位，而且在其基础上又多创新意。如在铜器上镀金、镀银、包金、包银、画漆、雕刻等，这些创作手法均始于汉朝，且都取得了成功，因此十分值得称道。所说的镀金，现在的人大多将其与流金混为一谈，不知道二者完全是两回事。流金的颜色并不是器物原有的颜色，也不是以真金施于铜器之上特意求得的金色，而是由于铜器内所含的某种物质与空气或水反应后而发生的一种颜色变化。导致发生变化的究竟是何物质，人们暂时无法确定，只知道凡是做工精细、质地光亮平滑的铜器表面容易产生流金，猛地一看，就像是从铜中溢流出来的真金一样，所以名曰"流金"。但是，从现代人化验的结果来看，流金内是不含丝毫黄金的。如果

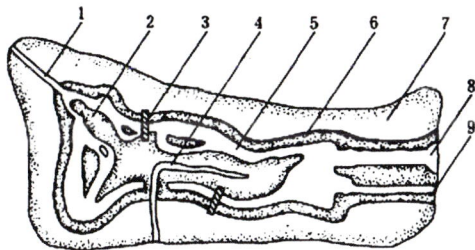

图2　铜佛铸型

1 通气孔　2 泥芯　3 芯撑　4 蛙肠　5 蜡模
6 纸浆泥　7 麻刀泥　8 浇口　9 冒口

▲ 失蜡法

古代的一种方法。用蜡制成模，外敷造型材料，成为整体铸型。加热将蜡化去，形成空腔铸范，浇入液态金属，冷却后得到成型铸件。此法属于"熔模铸造"范畴，在古代多用于铸造具有复杂形制的铸件。

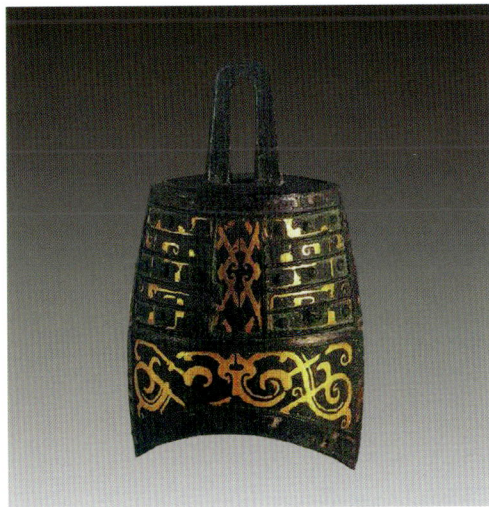

▲ 秦　秦乐府钟

通高13.3厘米，两铣间7.2厘米，鼓间5.8厘米，舞广6厘米×4.8厘米。

钟的钲部和鼓部为错金蟠纹，篆间及钟带为错金流云纹，钟带为错银流云纹，不同的纹饰相间排列，相互衬托，更显示出外型的精美。

擦拭过多，或者出土年久，金色也会自动剥落。如果是真金，颜色怎么会经常变化呢？

至于镀金，则的确是将真金用火镀在铜器上。其金质很厚，粘合之力也很强。如果再用极大的力量将它与铜器在一起压合，则接合处的金和铜就会相互混合，浑然一体。真不知古人是采取何种方法使金和铜达到密不可分的地步。其色泽青而亮，沉而实，就像以纯金制造的一样，美观绝伦。

汉朝中期，人们又发明了镀银的技术，其方法和镀金相似。另外，还发明了包金、包银的方法，就是将金、银制成的壳包裹在铜器之上。这种外壳很厚，制作也很精良，与铜器原件没有丝毫凸凹不符之处。如果不是精于鉴别的人，经常会把它误认为镀金或镀银的铜器。

画漆的方法也兴起于这个时期，就是用漆在铜器上添画各种花纹。画漆选择的铜器多是素器。如果在铜器上刻铸花纹，自然是不需要漆画的。所绘的花纹完全是仿三代遗制，笔迹极为工整，宽窄也很有规律，是仿造古代器具上黑漆的古色古香而进行的。

汉朝中期，人们还发明了用刀在铜器上雕刻花纹并用阴文刀刻字体等技术，事情虽然简单，但却是前所未有的。此时的款识采用的多是隶书，以小篆作为款识的全是汉朝初年的铜器。秦朝创制的镶嵌之法，这时候也非常流行，用这种方法所制作的铜器足以和秦朝的相媲美。无论是嵌丝还是嵌片，其边口都非常整齐，而原器与镶嵌没有丝毫长短不齐、粗细不直的情况。后世虽有仿制的这种铜器，但都达

▲ 东汉　铜鎏金山纹兽足樽
　　高19.6厘米，重2.89厘米。
　　此器器表鎏金，环器外饰以神山、瑞兽、羽人（仙人）等图像，表现汉代人喜见的极乐世界。

不到那种纯熟的技艺，所以人们谈论镶嵌时，往往将秦、汉并称。

　　三国时期，各国战争不断，征伐不休，以致于统治者无暇顾及铜器的生产，因而这时期铜器的产量也极为有限。在铜器款识方面，都统一使用了隶书，篆字也从此绝迹了。两晋存在时间很长，应该在铜器发展上作出较大的贡献。但事实相反，这段时期的铜器产量也极为有限。导致这种结果出现的原因有很多种，主要原因是国内庸君辈出、提倡不力所导致。而南北朝时期，战事不断，兵连祸接，古代名器因迁移而导致失踪的事不绝于书。这个时期不仅没有发展新的铜器，就连流传下来的古代铜器也遭受了大规模的摧毁。

　　唐朝建立后天下太平，文治武功足以和汉朝相媲美。只是此时赤金、黄金的界限也分得很清楚，重要的器具多以赤金制造，一般人对待铜的态度，也不像以前那样将它和赤金等同了。于是，使用铜器的人没有了以往那种荣耀感，铸造铜器的人也没有了以往那种兴趣。所以，当时制造的铜器虽然没有减少品类范围，但也不过是虚应了事、敷衍塞责罢了，并没有生产出几种名器。并且这个时候瓷器又开始萌

▲ 西汉　鎏金铜羊尊灯
　　通高18.6厘米，长23厘米。1968年出土，现藏河北省博物馆。
　　灯作卧羊状：羊昂首，双角卷曲，身躯浑圆，短尾；羊颈后有一活钮，臀上安一小提钮，使用时可将羊背向上翻开，平放于羊首顶部作为灯盘；灯盘呈椭圆形，子口，一端有一小流嘴，便于安置灯捻；羊尊腹腔中空，可储灯油。

▲ 三国　曹真残碑
　　其碑已残，隶书，风格突出。

芽，人们重视铜器的心理渐渐转移到了制造瓷器方面。

到了五代及宋朝时期，高窑温瓷器的烧制已经获得成功，它适用的地方不亚于铜器，并且外观也比铜器漂亮。因此，整个社会舍弃了铜器制造，转到了烧瓷方面。所以，这时期名窑兴起，佳瓷日出，全国上下都改用了瓷器，以致在三千年中占据优势的铜器日渐衰落，走上了灭绝之路。实际地说，铜器时代至此已完全宣告结束。因为以前的铜器完全是使用的器物，国家有规定，家庭也必须使用，因此制造铜器成为一种必然。而这个时候，除少数为必需的祭祀器具外，其余的只作为文玩陈设，可有可无，制作与否随心所欲，不再像以前那样国家规定必须制造。

按常理来说，宋代铜器的产量最大限度也不过和晋、唐时期的产量相当，而事实上宋代铜器产量极多。之所以会这样，完全是由宋徽宗个人大力提倡的结果。据考证，宋徽宗嗜古成癖，凡是古代名器无不进行仿制，而其中又以仿制铜器为多，而且惟妙惟肖，可以达到以假乱真的地步。所仿制的三代铜器，除笔画内宽外窄的特点未能完全相似外，像锈色、式样方面完全与原铜器相同。所仿制的秦、汉镶嵌铜器，更是与原铜器达到了惊人相似的地步，完全可以欺骗世人。除仿制外，又发明了在铜器上烧蓝釉的方法，因为用烧蓝釉方法而制造出来的铜器，其光泽、颜色都胜过了古代铜器。

宋代距今也仅千年光景，其间没有发生长期的战乱，所以宋代制器大都能流传至今，并且大都是仿古之作。虽然

▲ 唐代　狩猎纹镜
直径13.3厘米。估价：40万—50万元。
八出菱花形，伏兽钮，围绕镜钮，浅浮雕三骑狩猎者，猎者姿态矫健，或回首张弓引箭，或策马扬鞭，或持矛追赶，雕刻极精细入微，小到猎人的服饰、佩剑都刻划的栩栩如生，唐人好狩猎，这面狩猎纹镜正是当时这一风气的写照，极写实的雕刻。

在做工、花纹方面不及远古铜器，但式样、尺度均与古器没有差别。我们虽不能见到远古铜器的真面貌，但因宋代铜器流传了下来，我们也可从中窥见与远古铜器的真面貌，对研究远古铜器来说有极大的价值。

元代统治中原不到百年，且征伐不止，文治未修，除了敷衍塞责铸造一些不必要的铜器外，几乎没有制造其他铜器。到明朝时期，国运昌隆，文化、物资全都齐备，铜器制作也稍微复兴。虽然制作的普通器具极其简陋，但皇家使用的器物却极其讲究，对以前的古器全力仿制，镀金、镀银、包金、包银及镶嵌各器，也都尽力铸造。其炼铜技艺之精纯，可以说是前无古人。真正体现明代特色的是宣德炉，其精美、佳妙的程度空前绝后，在古

玩史上独占一页，其成就之伟大可想而知。所铸的其他器物，也是精妙绝伦，被后世视作和金、银一样珍贵，只是件数太少不易得到。景泰年间，又发明了在铜器上焊丝、作花并烧五色料釉，也就是世人所称的"景泰蓝"。如今景泰蓝已名扬海

▲ 五代　千秋万岁铭文镜
　直径5.7厘米。估价：5000元—10000元。
　六瓣葵花形，半圆钮，钮四周有四字铭文"千秋万岁"，文字古拙，极具时代特征。

外，誉满全球，这不仅是明代的荣耀，也是中国人的自豪。

　　清代继承兴复了前朝的一切，并仿制明代流传下来的各种铜器。明代铜器的仿制品也是应有尽有，做工、花纹等足可以与原铜器相媲美。只是到了乾隆中期时，西洋器物进入国内，优质的货物将劣质的货物挤出了市场，我国数千年来日渐退步的手工制品自然也遭到了淘汰。平民从事铜业的也都改行了，国家工厂的造办处也实行裁减和撤销，此后铸冶的只是普通使用的器具，所以清代的铜器也没有什么值

得称道的。

　　如今科技发达，制作铜器的工具、质料也发生了很大变化。铜器的成本很高，除了不能使用的少数铜器外，即使是粗劣的铜器也不多见，更不用说精美铜器或仿制铜器了。西洋制造的器物，都是现在的比古代的精美；而中国的器物，则多是古代的比现代的略胜一筹。是国人不努力，还是智力不如古人呢？看着中国铜器制作的日益退步，其原因真是令人费解。

▲ 宋代　双龙手柄镜
　直径12.4厘米。估价6000元—8000元。
　带柄八出菱花形，钮两侧双龙相对，做双龙戏珠状。

▲ **清代 乾隆款燕螺纹小壶**

　　高18.8厘米，宽9.8厘米。现藏于北京故宫博物院。

　　体圆，鼓腹，肩部有四环，圈足，肩部及腹下饰蕉叶纹，腹饰浪花状纹二道；足外底有"乾隆年制"四字；该壶铜质细腻，铸造精良，应为清宫造办处所造。

▲ 明代　象牙绳纹带环仿古铜器小盖瓶

高8厘米。中国嘉德拍卖有限公司2006年拍卖，成交价3.58万元。

古铜器的仿制

古代仿古铜器

所有古玩自然是以原件最为珍贵，凡是仿制品就等同于伪制品。不过，铜器是个例外，仿制铜器被世人所容许。铜器中的仿制精品，价值可与真器相当。但若是伪制，不论制作得如何精美，也不被世人所看重。因为伪制与仿制不同，仿制的意义在于尊古，伪制的意义在于欺世，所以仿制值得被人称道，而伪制是应该被鄙视的。

历代制作的铜器大都仿制前朝。商朝仿制夏朝，周朝仿制商朝，数千年来历代顺次仿造。除少数属于独创的新式产品外，其余大都是仿制器。但这种仿制是吸取前朝的优点，然后结合本朝之长处，融会贯通后制成。式样师法先朝，而款识落的却是本代，好像是仿制品而实际并不是仿制品。各代铜器都是这样制造的，所以都不列为仿制品。纯粹的仿制是仿照古代铜器的样式，假托古代铜器之名，冒充古代之铜器，这才是真正的仿制。历来仿制品都很多，但精品却很少，现仅将仿制较为成功的略述如下。

唐天宝时期至南唐后主时期的两百余年时间里，官府在句容县设置有官场，专门从事仿铸古代各种铜器，只是仍然在仿制器物上自标记识，大多刻有监官花押。这种仿制品体态轻盈，花纹细致，小巧玲珑，也有略微带些青绿色或朱砂斑的，只是都不能完全达到古代铜器那种莹润的地步。现在北京故宫博物院的铜器柜中还能

▲ 仿西周兽面纹鼎

宽15.85厘米，高21.3厘米。现藏台北故宫博物院。

圆鼎，盘口、立耳、深腹、柱足；腹饰兽面纹，以雷纹为地。

▲ 仿商癸觚

口13.3厘米，足8.8厘米，高17.5厘米。现藏台北故宫博物院。

圆觚，侈口、长颈、圈足，腹有棱脊，腹足际有十字孔，附木座。腹饰兽面纹，上下有弦纹。圈足内侧似有铭，木座面有铭"商癸觚"，底有铭"乾隆御赏"。

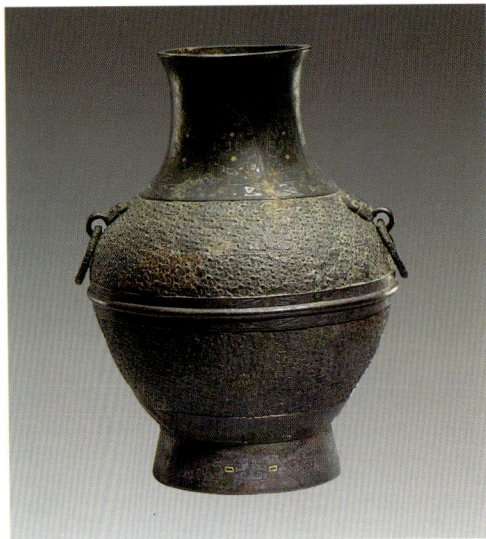

▲ 仿战国嵌金银云纹壶

高36厘米。现藏台北故宫博物院。

圆壶，撇口、长颈、斜肩、圆腹、圈足，器颈两侧有铺首衔环。器颈与圈足处以错金银的方式分别饰有蕉叶纹与变形兽面纹，器腹则满布蟠螭纹。

看到。这是最早的仿制。

仿制品制造得较多的，要以宋宣和年间为最多。因为宋徽宗嗜古成癖，对于古代名器没有不仿制的，而仿制古铜器尤其多，凡古代著名的铜器无不仿制。现在我们所见到的古铜器，多半都是宣和时期的仿制品。

宋代除了宣和时期仿制古器外，后来又在台州设厂，专门仿造古代各种铜器，只是大多都是小雷纹花的式样。

元代时期，杭州的姜娘子、平江路王吉仿制古铜器都比较有名，只是花纹有些粗糙，与古代铜器相差很远，但姜娘子所铸之器比王吉的要好些。

明朝宣德年间仿制的古代铜器最为精妙，所仿制的多是商、周朝的铜器。此时炼铜技术精湛，仿制手法绝妙，因此仿制品以宣德年间制造的为最佳。

清时乾隆时期仿制古铜器也很多，但大多注重款式而做工不够精细，因而无法与前代的相媲美。

古代仿古铜器的原则

一是常铸有铭文表明是仿制品，宫廷所仿多铸有本朝年款，例如宣德三年工部奉敕仿制之商周青铜器器底多铸有篆文书写的"宣德"二字。明末潞王所仿制器则有"潞国制"字样，并有器物编号。北京故宫博物院藏乾隆年间宫廷仿商周铜器亦有"大清乾隆年制"铭文。历代地方官吏仿制品除注明年款外，还注明官称姓名。

二是仿制品在形制与气韵上多与原器有差异。这是因为既是仿造，不像作伪，故不必追求逼真，往往是只求形似，而不严格遵从古制，甚至还有所变化，体现

▲ 北宋 政和鼎

全高23厘米，腹径10.7厘米。现藏台北故宫博物院。

北宋徽宗政和六年（1116年）的仿商宋鼎，代表该朝宫廷以仿商宋器运用在君赐臣家庙祭器的复古礼制；二立耳圆腹三柱足状，腹部以带身兽面纹为饰，为有雷纹衬底的复层花纹，形制与纹饰皆与商后期鼎风格近似；唯纹饰流露复古器的拘谨。

▲ 仿春秋嵌金银蟠虺纹扁壶

　　高30.8厘米，宽29.2厘米。现藏台北故宫博物院。

　　扁壶，腹纵剖面呈椭圆形，侈口、兽首衔环耳、方形圈足；全器嵌金银，颈饰三角纹，腹饰方格纹，方格上填云雷纹，方格内饰几何纹，足饰几何纹。

种种时代风格。宋代仿古器因多以商周原器为模式，故在形制上较为相像，但与原器相比，造型略显呆滞、粗拙，且体形一般较大，特别是鼎、爵、斝等器。此外将仿古器纹饰与商周器物纹饰仔细对照亦可看出其不够准确，形象多有变异，如北京故宫所藏宋仿商簋与商簋形制颇相如，但其颈部与圈足所饰夔纹形象与地纹均较商代纹饰失真且粗糙。元代时仿古铜器往往有自行改造之处，并不拘泥古代形制，如湖南常德慈利征发现的元代铜簠，双环形耳与波带形足均为随意改造之表现，而且口下有直壁，是春秋早期以后形制，但纹饰却饰西周晚期与春秋早期的重环纹，亦与真器不合。明代宫廷仿制品因多据宋人著录书铸造图样，宋人所绘本就有不严格处，故明代仿制品即更走形，其中有的虽与商周真器外形相近，但纹饰变形却十分严重，此种情形由上文所举宣德三年所仿

制之商簋即可得见。又如：明宣德三年工部所铸"周公乍文王"鼎，引自《宣德彝器图谱》，虽亦有用早期青铜器之大致形象，但无论是扁足与扉棱造型，还是纹饰、铭文，皆非周初之制，而尤以纹饰更显随意性。《善斋吉金录》著录之"永保用鼎"，虽作立耳、蹄足，但颈、腹形制与纹饰及铭文字体均与先秦古器不类，容庚先生指出："此明代物。云南石屏乾阳山玉皇阁修复过程中，曾于石壁发现仿古铜鼎，有可能是明代地方上所铸仿制品，虽大体上是仿照商周鼎形，但蹄足形制相差甚远，颈下饕餮纹变形极明显，鼎腹饰垂叶三角纹颇不合古制，铭文字体取自宋人《历代钟鼎彝器款识》卷九"丝女鼎"。最初曾被发现者定为西周铜鼎。由于判定明显错误，很快即被纠正。"

　　清乾隆以前宋至明代仿古铜器已有不少藏储于清内府，乾隆年间编成的"西清四鉴"等书中所著录铜器，有的即使从描绘得不甚准确的器形、纹饰中亦能看出是这一阶段的仿制品，例如所谓周蟠龙尊（实是壶形）、周夔凤鼎。后一器为错金银器，形制本于商、西周早期鼎制却饰错金银纹饰，显然是一种变通与改造的仿古手法。容庚先生提出："金银错之商周器十九皆伪"，显然是对的，但这种器物多数当属于仿古器，应被视为艺术作品。

　　清代宫廷继续铸造仿古铜器，风格与明代近似，即外形有商周铜器部分特征，但往往对局部加以多方面的改造，如上述清仿古方鼎，饕餮纹作蝴蝶状，口颈下夔纹口、身皆臆作，底纹呆扳无变化，扁足形制与其上纹饰亦均不合古制，较典型地体现了这一时期仿古器的风格与水平。

明清两代的仿古铜器，有几种常见而形制较特殊的器型，如百环尊、出戟大尊等。此外，明代仿古器还可见贯耳瓿，清代可见方口瓿。

综言之，历代仿古铜器最重要的共性即多只是大体取商周铜器之外形，但在局

▲ 清代　仿古合符范

　　长19.2厘米，宽12.8厘米，高7.2厘米。现藏台北故宫博物院。

▲ 明代　鎏金鼎形香炉

　　高13.2厘米，口径12.3厘米，腹宽17.2厘米。现藏台北故宫博物院。

　　器腹呈乳凸形，局部鎏金，鎏金之上又施加红绿色假锈，以制造古雅的效果；铸造不甚仔细，器耳与器身、口沿与腹部的交接处均见接补痕。

部（如部分结构与纹饰，特别是纹饰方面）多有随意变形。因此即使未有铭文标明为仿制品，只要对商周青铜器的形制、纹饰、铭文之时代特征有一定的了解，仿制品与商周真器不合之处并不难看出。所以从总体而言，仿制器还是较易辨识的。

古代仿古铜器特征

唐代仿古铜器的特点

　　一般认为仿汉代铜器和仿三代铜器是从宋代开始的。其实不然，北京故宫藏有一件唐代仿西周的觯，是打过蜡的"熟坑"器。口内、颈部、足都有明显的旋纹，底部下凹，圈足较高，是唐代铜器在造型、做工方面的特点。

　　唐代仿古铜器的特点是：铜质呈银灰色，质地比真器细腻，外表多做"熟坑"模样；口、颈、足内均有旋纹（很细很浅的凹旋纹，这是商周铜器和战国铜器没有的特征）；一般底下沉，低于商周和战国器的器底；仿器的足比真器要高一些。

宋代仿古铜器的特点

　　北宋在艺术上盛行复古，特别是宋徽宗有很高的艺术修养，让宫廷作坊仿制了大

▲ 明代　错金银夔凤纹觯

　　高14.2厘米，腹宽9.3厘米，口宽7.4厘米，底宽7.3厘米。现藏台北故宫博物院。

　　器型、纹饰均仿商周的铜觯，颈部装饰三角纹，腹部装饰变形的夔凤纹，足部为云雷纹，底有网格纹；但在器表错金银则是商周铜器所未见。

量三代彝器作为陈设品，其中，有不少件是以真器为模的，器形、纹饰仿得相当逼真，一般连范痕、垫片都仿出来。如维多利亚阿尔伯特博物馆珍藏的宋仿铜壶，铭文为"一一七三年二月初十造"针刻字，连器表花纹处的铸痕都仿制出来了。但宋仿器在神气上略有不足，现存于北京故宫博物院的宋宣和三年仿西周尊也是如此。

宋代宫廷仿商周铜器、仿汉代铜器都显得厚重，铜质粗糙发暗，无亮地子，有硬锈也仅是一层，显得浮薄，圈足及口沿均圆滑齐整，尤其是圈足底沿无有向内的扉茬。器纹饰的地纹都较模糊，如宋仿春秋时宋公成钟制成的大晟编钟之地纹。宋仿在铭文铸刻方面相当认真，但无论刻字还是铸字，字口均比商周器铭浅。台北故宫博物院藏有一件宋仿商"政和鼎"，造型、纹饰极精，但铭文字口浅，字体模糊。宋代仿器用松石末烧上或做上红蓝锈，或经过作旧，仿制成熟坑器物。仿镶嵌金银片、松石的器物比春秋战国时的真器水平低，不平，挡手。

元代仿古铜器特点

元代仿古铜器大多是出于实用，如许多铜壶、铜瓶之类，就是当时的日常用品，所以不刻意追求仿古风格。有些摆放在寺庙中的祭器，是成组仿制三代礼器，

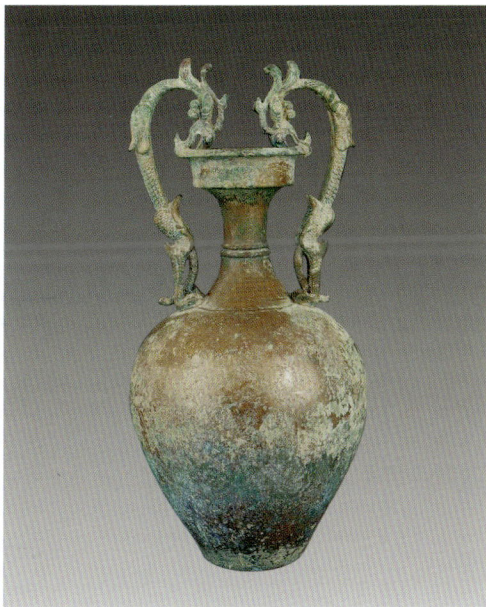

▲ 唐代　青铜双龙耳盘口壶

高44.5厘米。辽宁国际商品拍卖有限公司2006年拍卖，成交价49.5万元。

卷沿、盘口、细长颈、丰肩鼓腹、平底。两唉龙耳连接于盘口与瓶肩之上，龙口紧紧衔住盘口，颈和肩部划双弦纹，精细绝伦。

▲ 仿春秋嵌金银蟠虺纹罍

高21厘米，口21.1厘米，底15.6厘米。现藏台北故宫博物院。

圆罍，侈口、直颈、斜肩、鼓腹下缩、平底。腹饰嵌金银窃曲纹、蟠螭纹。

▲ 仿西周乳钉夔纹簋

高16厘米，现藏台北故宫博物院。

圆簋，侈口、双耳、圆腹、圈足，耳作兽首形附耳，腹、足有棱脊；颈饰夔纹，中央为小兽首，腹饰斜方格乳钉纹，足饰夔纹，均以雷纹为地。

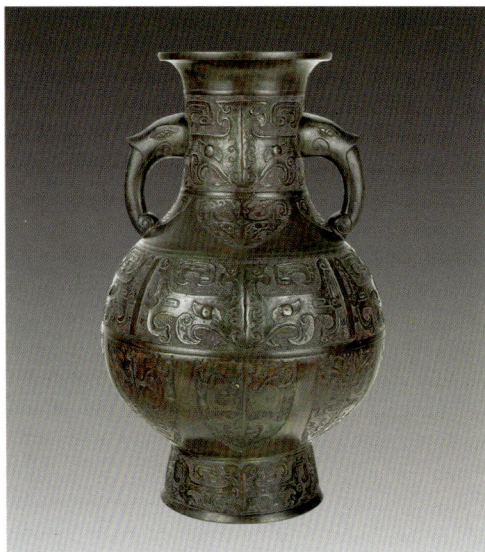

▲ **宋代　青铜饕餮纹双龙耳尊**

　　高55厘米。辽宁中正拍卖有限公司2006年拍卖，成交价22万元。

　　盘口，直颈，颈两端饰象鼻耳一对，圆腹，高足；器形硕大、优美，全器饰战国饕餮纹，刀工精湛，工艺复杂，气势恢宏，包浆光亮、自然。

如孔庙的铜祭器鼎、簋、爵等，器形虽是仿照古式，但纹饰却是古式的简化，甚至连器形也或多或少带有元代的特征。如元仿古铜簋的上腹所铸扁长方形扉棱，便是元代特征。故仿古铜器的品质不如宋代。

　　从工艺上看，元代仿古铜器均用黄铜，地子发乌，没有光泽；形体笨重，铸纹不清晰，做工显得很粗糙；常有本朝代年款，铭文为楷书字体，书体不工整，软弱无力。以往都认为元代不仿制三代之器，而只仿汉代的簋、炉及唐代玉壶春瓶等，但北京故宫博物院和台北故宫博物院藏器中都有数量不少元仿商周青铜器，如台北故宫藏的元至正二十六年泳泽书院的仿商簋。

明代仿古铜器特点

　　明代崇古的风气比较淡薄，文人学士对古代青铜器的研究也不如宋代。所以明代仿古铜器在工艺上并不讲究。明代仿古铜器大多是按照宋代《宣和博古图》进行仿制。宫廷、民间仿古铜器的品种都很多，大小器皆有。由于只是制作仿古工艺品而已，为了显工，常在器上增加许多纹饰。

　　明代仿古铜器所用铜料为黄铜，色泽黄中闪白，即使做出黑地子也偏黄。仿器上一般无痕和垫片。民间仿器分量总是过重，有压手感。器形、铭文失真，器足一般为实足。例如维多利亚阿尔伯特博物馆收藏两件明成化、嘉靖年仿古铜爵，一铭为"成化元年秋七月吉日造"，另一铭为

▲ **元代　青铜翅龙纹瓶**

　　高26.6厘米。德国纳高拍卖公司2006年拍卖，成交价1.7204万元。私人收藏。

▲ 仿西周兽面纹方尊

　　高35厘米。现藏台北故宫博物院。

　　方尊，撇口、方腹、阶状圈足，钩状棱脊，肩部有四立雕兽首；胫部为蕉叶与兽面纹，腹部与圈足处则饰有夔龙纹与兽面纹。

　　"嘉靖二十年十月吉日广州府造"，其口为元宝形，三足为实足，且外撇，花纹为明代特征。

清代仿古铜器特点

　　清代早期，研究青铜器铭文已形成风气，也促进了仿古铜器的生产。清代仿古铜器分宫廷仿和民间仿两种。乾隆年间，宫廷设立了内务府造办处。设有铜器作，专门仿制古铜器。宫廷制作仿古铜器是为了陈设，民间制作仿古铜器是为了当假古董卖，故风格有所不同。宫廷仿古铜器大多有依据，故器形与原器大致相似。由于制器是用于宫廷陈设，故也会投帝王之好而做一些改动。例如北京故宫藏清代仿古扁足方鼎，腹上饰以兽面纹，但兽面及兽身都变了形。另外，乾隆帝嗜好镶嵌、鎏

▲ 明代　青铜龙纹三足鼎

　　高22厘米，宽17厘米。上海崇源艺术品拍卖有限公司2009年拍卖，成交价2.8万元。

　　立耳、鼓腹、三足，腹部饰龙纹回纹底子，製作精良，造型灵巧，原配红木座。

▲ 清代　兽面纹鼎

　　高18.6厘米。现藏台北故宫博物院。

　　仿商代的鬲鼎造型，在外鼓的三袋足处装饰着浮雕兽面，柱足上饰以垂叶纹；纹饰部位以金银镶嵌，特别以黄金嵌出闪亮的兽眼，即所谓"黄目"。

金之器，故内务府造办处也大量制作鎏金器。如故宫藏乾隆年间仿古鸟车尊，便是造办处的精心之作，做工精美要超过宋代铜器。

清代仿古铜器一般采用分铸法，即将器物各部分分别铸出，然后焊接，焊接前会将各部分的铸痕磨平，故清仿器上没有铸痕却有焊接之痕，不见垫片却有补痕。三代青铜器的垫片是合范时放上去的，摆放有一定的规律，而仿器的补痕是铸造时铜液未流到或因气孔而造成凹缺，一般用焊锡来弥补，故补痕的分布是没有规律的。若把作旧的黑地子或浮锈去掉，便可看出焊锡所补的痕迹。清代仿古铜所用铜料为黄铜，质色泛黄，与黄金色相近，分量较重，常做成黑地子再后打蜡，冒充"熟坑"器。

自清代乾隆、嘉庆年间开始，到同治、光绪年间，金石学家极为重视青铜器铭文。所以，是否有铭文或铭文的长短都成为一件青铜器是否能卖好价钱的重要因素，所以也诱发了古铜器作伪铭的风气。在真器上增添铭文便是此期特点。尤以西安仿古铜器为甚。清咸丰二年（1852年）刊刻的《长安·获古编》卷二记载了一则故事：西安知县刘喜海喜欢研究金文，凡带铭文的古铜器均加价收买，而无铭文之器却一件不收。于是，西安的古董商便设法在无铭的真器上錾刻伪字，投刘氏之所好。由此可知至少从清代咸丰年间起，增刻伪铭便成了西安古铜器行的一大特色。曾见有刻廿六年诏的铜方斗，整体是焊接的，铭文刻得很差。

另外，山东潍县是清代后期以来仿古铜器的著名产地，特点是以仿制带铭文的青铜重器为主。潍县有叫胥伦的人善做仿古铜器，结识了潍县著名的金石收藏家陈介琪，便在陈介琪的指导下，开始仿制陈介琪家藏的三代彝器，仿得惟妙惟肖。一时成为名品。潍县古铜器的作旧，是用

▲ 清代　青铜嵌银丝贯耳瓶

长28厘米。舍得拍卖（北京）有限公司2006年拍卖，成交价5.5万元。

▲ 仿春秋嵌异金属蟠虺纹簠

高23.8厘米。现藏台北故宫博物院。

器盖同形，方口、兽耳、折壁、圈足，略呈长方形，口沿、盖侧均有小兽首；腹、盖及足均饰蟠虺纹；器、盖底有铭六行。

盐酸浸泡后埋入黄土中，再盖上湿麻袋让器表生出绿锈红锈，然后打蜡，成为"熟坑"。还有以錾刘花，铭见长的范寿轩；有擅刻细笔造铭文，又能翻砂制镜范的王荩臣和他的儿子王海等十几位。

故宫藏有半片残鼎，鼎内有铭51字，就是王海仿西周后期克鼎刻的，錾工甚精，若不是眼力好的专家也很难辨出真伪。

清末民初仿古铜器特点

清末民国时期，中国文物艺术品，引起欧洲和日本人的重视，有很多欧洲和日本的学者、商人来中国大肆搜罗文物，引起了古玩价格的上涨，也诱发了盗墓之风的盛行。现藏于欧洲、美国和日本的中国古代青铜器，大多是在这个时期散失出去的。仿古铜器多有所本，加之古铜名匠的作伪手法日趋精湛，仿古铜器做得相当逼真。基本特点如下：器形以仿三代彝器为主；器形，纹饰仿得极精；铭文仿得不好，无论是铸、是錾刻，铭文笔画均软弱无力；作旧尚好，但细看起来，锈蚀斑痕较浮、较薄，锈蚀斑痕的色调也较单一，不像真器那样色调丰富、多层次。例如，北京故宫藏有一件仿商觯，其兽面之大牛角、耳、目等是用铜片接高焊上去的。细线纹有錾痕。器盖对铭，"子蝠"两字字形基本相似，但大小不一。纹饰、铭文是用平头錾刀刻的，有崩痕。此觯是伪器中之精品。

清末民初，仿古铜器的市场转为以外销为主。来华外国人购买青铜器关注重点是器形和纹饰，所以不善于铸造精细花纹的山东潍县仿古铜器日渐衰落，善于铸造精美花纹的苏州作坊和北京作坊迅速兴起。

苏州仿古铜器早于北京。清末民国时

▲ 清代　仿青铜兽面纹鬲式炉

直径19厘米。北京华辰拍卖有限公司2008年拍卖，成交价2.8万元。

此炉为仿古彝器，侈口、口沿外折，双耳直立，深腹、束腰，柱足，足根较矮。口沿环绕回纹为地，雕琢兽面纹及虬龙纹。

▲ 仿西周兽面云雷纹簋

高12.6厘米。现藏台北故宫博物院。

圆簋，侈口、双耳、圆腹、圈足，耳作兽首形附珥。颈饰兽面纹，中央为小兽首，足饰兽面纹；器内有铭。

期，苏州仿古铜器名匠有张鸣岐、胡文明、周梅谷、刘俊卿、蒋圣宝、骆奇月和金润生。其中，仿明代古铜彝器以胡文明最佳，整器以"生坑"为主。周梅谷作坊使用失蜡法，技巧精湛，大大超过潍县的水平。伪铸近乎殷墟出土的精丽风格的青铜器，以周梅谷做得最精，他常仿做熟坑器物；刘俊卿则常仿做生坑之器。周、刘所做的仿古铜器数量很多。

苏州仿古铜器的特点是：多仿商代铜器，仿工很精致，逼真；冶铜时加入银元或银元宝，生成的地子亮，闪白，用大漆加颜色作旧；分铸组装时铸痕不打磨掉，无垫片，器身常出现砂眼。底部刻有艺匠人名款。苏州仿古铜器在铜料、皮色、锈斑和铭文等方面有独到之处。铸造技术较之潍县造精细得多；仿熟坑器物比北京的好，但仿造生坑器就不如北京。

清末民国时期，北京民间仿制商周重器和鎏金器，造型、纹饰仿得好，地子、锈斑作旧也很逼真，故有"北京造"之称。技术都得传于清末的名匠，例如人称

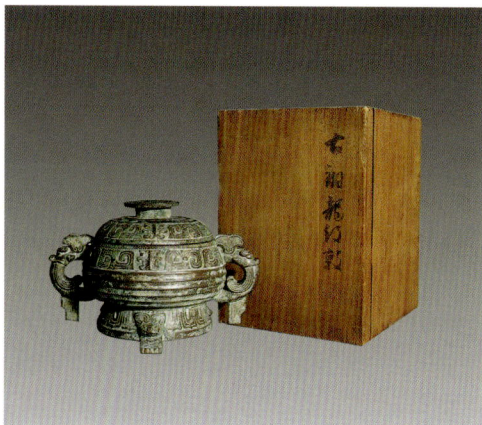

▲ 清代　错金银云纹提梁卣

通高14.7厘米，器高12.7厘米，腹宽8厘米。现藏台北故宫博物院。

圆卣，子母盖、直颈、鼓腹、圈足，盖钮作菌状，颈侧出双耳，耳内穿提梁；全器嵌金银，盖饰几何纹，盖沿饰雷纹，颈上下为连珠纹，并以小兽首为界饰雷纹，足以连珠纹为界饰雷纹。

"古铜张"的张泰恩是名匠"歪嘴子"的徒弟，他又带了十多位徒弟，张文普、赏茂林、张子英、张书林、王德山、赵同仁、刘俊卿，日后都成为业内很有名人物。张文普，又名张济卿，是"老古铜张"的侄儿，人称"小古铜张"，研究出用虫胶漆加颜色在铜器做假锈的方法。王德山是张文普的师弟，能在素面真古铜器上加刻伪字、伪花纹，还发明了"漆地磨光"和"点土喷锈"的作旧技术。北京故宫藏有一件商代方罍，上面的蕉叶兽面纹和夔纹是王德山仿錾的，并采用"漆地磨光"和"点土喷锈"的方法做了假锈和假地子，是仿器中的精品。现在中国国家博物馆日常陈列的四羊尊（"黑漆古"），

▲ 民国　青铜簋

直径32厘米。中国嘉德国际拍卖有限公司2005年拍卖，成交价1.98万元。

出自匠师王德山之手。北京的"黑漆古"，"绿漆古"能几十年不变色，是其他地区所不能比的。

民国时期，西安仿古铜器仍以仿制度量衡器、诏版为主，称"西安造"。作旧较好，他们将仿器埋入地下若干年，让其自然生锈，比用漆皮作旧好得多。錾刻伪铭的水平很高。"凤眼张"和苏亿年、苏兆年兄弟都是西安錾字作伪的巧匠，在诏版、量器上刻伪字。

古铜器的伪制

古代的铜器除了锈色以外，其余一切都可以照着书籍著录中的记载进行仿制。仿制得好的，几乎可以达到和古代铜器一模一样的地步，即使是精于鉴赏的人也无法辨别其真伪。只有锈色不同，因为锈色纯粹出于自然生成，是经过岁月的侵蚀而

▲ 古铜错金银甂式炉
高26厘米。北京保利国际拍卖有限公司2010年拍卖，成交价21.28万元。

出现的，并不是人力所能轻易办得到的。所以，考古学家把其他因素一切都排除在外，只把锈色怎样作为判断的凭据，认为抓住关键去鉴别没有比这更巧妙的了。但他们哪里知道商人为了谋取私利，也随着世人的看法而改变。人们既然以锈色作为鉴别铜器的关键，作伪的人自然就专造伪锈以欺骗世人。所以一切所谓的伪制铜器，几乎全部指伪造锈色而言。

古代铜器的锈色，最多的是绿、红、蓝、黑、紫等五种颜色，或者是这五种颜色的混合变化色。因为古铜都含有金、银、铁、锡的成分在内，铁被空气侵蚀后则生铁锈，颜色为红色。铜被空气侵蚀后则生铜锈，颜色为绿色。如果铜被硫磺侵蚀，则生成胆矾，颜色为蓝色。锡与银被

▲ 民国 青铜凤首尊
高23厘米。辽宁中正拍卖有限公司2009年拍卖，成交价3920元。

空气侵蚀后，则生成锡锈和银锈，全都是黑色。只有黄金不受空气侵蚀，所以永不生锈，但遇盐水之后受日光照晒，也会产生紫锈。

作伪者根据这些原理进行伪造，锈色没有伪造不出来的。如仿制红锈，就是将铁质参杂在铜器内，使它受到空气侵蚀，就变成了红锈。其余伪锈的制作都和这种方法相似。不过，空气侵蚀属于自然变化，为时很慢，需要数百年、数千年时间不等，这是作伪者无法做到的。有一种快捷的办法，就是把它埋到地下两三年就可以成功。但埋藏得时间越长，所结成的锈

▲ 西周　青铜鼎（伪）
高18厘米，口径16厘米。

屑调合在硝镪水、盐卤水内，然后涂到铜器上，再埋于地下，经过三伏之后再挖出，铜屑就变成了绿锈，而且与铜器凝结为一体了。如果伪制红锈，则将铜屑换成铁屑，按照上面的方法就可以做成。如果将铜屑和铁屑混用，刚会变成红绿兼有的锈色。至于其他的锈色，选取能产生其所要得到锈色的金属，也可以这种方法得到。如此快速的伪造方法，伪造古代铜器的人仍嫌太慢，于是采用比这种更快速的方法，即用已经变成的锈色直接涂抹在铜器上。比如要仿制绿锈，就将铜绿搀和在漆内涂到铜器上，干固之后就大功告成了。如果仿制铜绿疙瘩锈，就将小块孔雀石镶嵌在漆内，就与天然形成的锈色相同。仿制蓝锈就用蓝颜料调漆，或用蓝矾研成粉末来调漆也可以。但近代大多用景泰蓝的蓝色烧在铜器上，然后再涂漆锈。仿制蓝色疙瘩锈，则不用蓝矾而是用纯蓝色的青金石，将其碎为小块，然后嵌于漆

▲ 清代　错金银仿古铜器牺尊
高19厘米。北京诚轩拍卖有限公司2007年拍卖，成交价16.5万元。
此尊造型仿商周牺尊而制，采用错金银加烧青绿工艺制作，古朴典雅，气韵生动，映射出乾隆朝青铜工艺的独特魅力；牺尊铜质缜密，包浆温润，牺身通体以烧青绿工艺作假锈覆盖，红、绿、黑诸色假锈色彩斑斓，高起器表。

色也就越妙。

两三年的时间也不算短了，可作伪的人仍然觉得两三年时间太长，所以大多采用化学方法来做伪锈。如伪制绿锈，用铜

内。仿制红锈，则用红土调和在漆内，或者将已经生锈的铁屑调和在漆内，或者将二者共同调和在漆内。仿制黑锈，则大多用古墨与漆调和，或者将器物熏黑或烤黑后再敷漆。

仿制紫锈比较难，真正的紫锈最不容易遇到。平常所见到的紫锈，大多是红锈变黑从而类似紫色。紫锈是由黄金产生的，因而成本很高，所以仿制者很少伪制铜器上的紫锈。如果仿制玻璃锈，需要另加材料，其方法有两种：一是先将紫色胶合松香化成流质物，再将要仿制锈颜所用之物调于其内，如仿绿锈则用铜，绿红锈则加铁等，用力搅拌，使

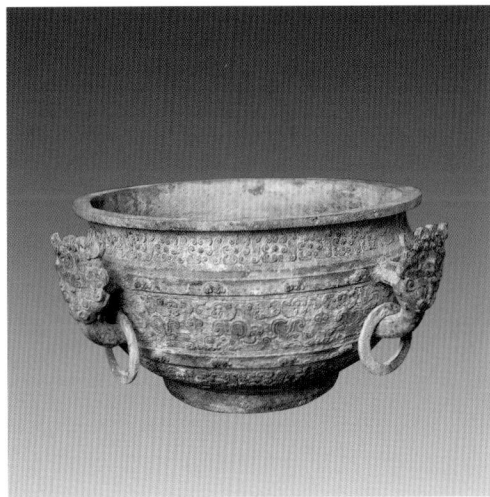

▲ 青铜鉴（伪）
高23.6厘米，口径43.5厘米，底径23.6厘米。

铜屑、铁屑完全融于其中，然后再涂在铜器上，即仿制成了玻璃锈；另外一种方法是用白矾代替紫胶与松香，其制作方法相同，其效果也相同。

仿制其他颜色就要多费些手续。如仿制蜡茶色，必须用水银杂以锡末。水银就是人们所用的磨镜药料，然后将其均匀涂

抹在铜器之上。用酽醋调和好钢砂末，用笔蘸着它们敷到铜器上，则会发生一种化学变化。等到变成蜡茶色时，赶紧投入洁净的水中浸泡，这样就成蜡茶色了。如果变成黑漆色时投入水中浸泡，则会变成黑漆色，浸泡稍迟就会改变颜色了。如果不投入水中，则会变成纯翠色。用水浸泡后，然后再用潮湿的稻草烧成烟熏燎，并用布将它擦至光莹，用棕刷刷一下，如此这般，就与存世多年的古代铜器没有什么差别了。

仿制朱砂斑，就用漆调和朱砂末涂于器上，干固后就与真品无异了。仿黑漆古色也有用黑泥勾抹，然后再用电镀。仿流金的方法比较简单，即先用造伪锈的方法将锈造成，然后将器物磨光数处，抹上杏干熬成的粥，经数旬之后再将杏干洗去，铜器上就有金色了，与古器上的流金没有任何差别。如果用黄铜器仿作，很容易就能成功。

至于仿制镀金，方法要比仿流金难些。具体方法是先镀一层金，然后用铁压机将金压出亮光，再用硝镪水在铜器上涂几处，不能通体都涂。将盐敷在有硝镪水的地方，然后将此铜器裹在硝镪水与盐酸搅和好的黄土内埋于地下。经过三伏之后再挖出来，将浮土擦去，所成之锈即与镀金没有什么差别了。

除此之外，作伪的方法还有很多，很难一一列举，但大体上与上述方法大同小异。古代铜器中的精品传至今日的本来就很有限，且大多数已经收入皇家宝库，散留在社会中的都是普通的铜器，精妙的不是仿制的就是利用上述各种方法制成的伪制品。

古铜器的鉴别

严格来讲，只要鉴别一种器物，必须对这种器物有整体的认识，这样才能作出一个全面而又正确的论断。古代所铸造

▲ 仿商周古铜鼎

高22厘米，直径15.5厘米。广州市艺术品（公物）拍卖有限公司2009年拍卖，成交价3.92万元。

▲ 清代　仿古铜器香炉

高24.5厘米，直径29厘米。山东天承拍卖有限公司2008年拍卖，成交价4.256万元。

此香炉身仿三代礼器之形，包浆极美，无一丝损伤，可谓罕见。

▲ 清代　仿古铜花觚

高49厘米，口径27厘米。西泠印社拍卖有限公司2009年拍卖，成交价3.36万元。

铜花觚敞口，颈部由上而下渐窄，鼓形腹，高圈足。颈部浮雕变形蝉纹，腹部四面浮雕云龙纹，腹下束腰，浮雕回纹；此件铜花觚造型规整、工艺精湛，蛮饰锦地；仿照三代青铜器制作而成，其纹饰稍加变形、装饰；置之案间、窗前，颇增古色。

的铜器，在当时既没有准确的记载，后代又没有流传下来完整的样本，考古学家只能凭借著录中的片段语句，以及破碎不全的零星遗留器物作为鉴别的依据，不过如此。而有些人说自己对古代器物的实际情形能全面而又彻底了解，恐怕是毫无道理的。因此，鉴别古代铜器是极为烦琐而又困难的。所谓精于鉴别古代铜器的人，也不过是见多识广、经验丰富罢了，与外行人相比较也是五十步笑百步的道理。如果说无所不知，知道的又都能确定，纯粹是欺人之谈。这不仅是能力达不到这个程度，而是事实本身就不存在这种可能。本编所说的鉴别方法，也不过是按照常理来说，根据证据得出的结论，给初学古玩知

识的人指明一个方向罢了。如果认为根据这些知识就能遍识古代铜器，恐怕是作者自己也不敢承认的事。

鉴别铜器的方法，必须从铜质、名式、锈色、花纹、款识、字体、装饰、做工、气味、声音等几个方面入手。真正的古代铜器自然是都符合标准的，如果是伪制品，无论做得如何精巧相似，也必定有能够指出来的瑕疵。只要细心去辨别，就可以很快辨别出真伪。

首先，要注意铜质。因为古代没有黄铜与白铜，所有的铜都是红色的，因为纯铜就是红色的。如果兑入铅、锌、镍，则会变成黄铜；如果兑的量过半，则会变成白铜。黄铜和白铜在什么时候开始出现已经无法考证，但可以确定的是，

▲ 清代　仿古铜鼎

　　高15厘米，长11厘米。山东天承拍卖有限公司2008年拍卖，成交价7840元。

　　此鼎造型奇特，铜质优良。主题纹饰为变形兽面纹，直耳，四边出戟，夔龙形扁足，各种纹饰不施有序。

宋以前所有的铜器都是红铜，绝对没有黄铜或白铜制成的铜器。鉴别时，可以检视器物的底足，如果露出有黄铜的质地，其他一切不必过问，就可以断言它就是近代伪造的铜器。

战国以前的铜器，皆为铜锡铅合金的青铜器。锡的成份越大，铜质的灰色色泽越浅淡。商至战国的铜器铜质纯净，极少有沙粒。宋仿铜器，合金成分为铜、锡、铅和少量的锌，铜色为黄中泛红。明清伪器含锡成分很少，而铅锌成分增多，铜色皆发黄，但明代伪器色为黄中泛白，清代伪器色却是黄中透黄。因此，鉴定铜质的真伪，还要看足、口沿、底部露铜的质色。

其次，必须要知道各代铜器的名称、

▲ 夔纹扁足方鼎

　　高19.2厘米。现藏台北故宫博物院。

　　方鼎，立耳、弧形壁、平底、扁足，腹有棱脊。腹饰鸟纹，以雷纹为地，足饰夔纹。器内有铭。

样式。因为各代铜器的名称、样式均不相同，所以必须知道某器铸成于某代，某代铸有某器等，才算有鉴别的资力。比如说用于饮酒的器具，夏代称为珑，商称为斝，周称为爵。珑、斝、爵三者的形式基

▲ 西周　苏公子簋

高23.9厘米，腹深12.7厘米，口径22.1厘米，底径23.2厘米，腹围86.2厘米。现藏台北故宫博物院。

横切面圆，二兽耳有珥，圈足上饰兽面三，下垂为足，合口盖，盖顶圆足，器近口饰窃曲纹，下饰瓦纹，足饰鳞纹，盖上花纹与器身用。

▲ 明末清初　错金银仿古铜簋

高12.5厘米。北京长风拍卖有限公司2009年拍卖，成交价18.2367万元。

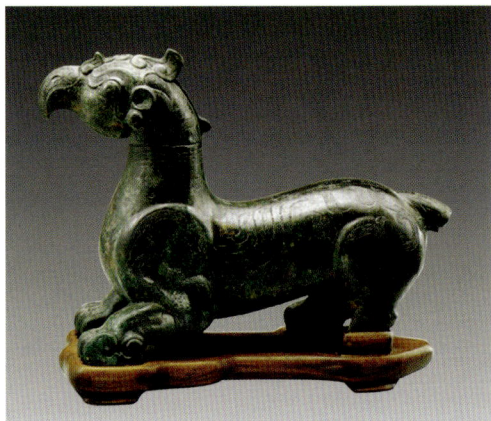

▲ 战国　鸟首兽尊

高20厘米。现藏台北故宫博物院。

首上有鸟眼，鸟眼之上双眉突显，以两条明显的高浮雕轮廓线成形，两条粗的轮廓线中则填满细线浅浮雕并行线纹，围绕着、也衬托着高浮雕的、外突的双眼，眉毛之上，有细线浮雕的多角纹。

本相同，用途也相同，但其铸造的朝代不同。如果有人把夏、商的酒器称为爵，不问就可知道它是伪造的，因为夏商时是没有叫这个名称的器具的。也有的将其称为钫，其锈色、做工都和三代时的器具相同，也可以判定它是伪制的。因钫从汉代才开始出现，三代时是没有钫这种器具的。再比如同样是匜，三代的匜都有把和足，而汉代的匜是无把无足，平底。如果有两种这样的匜，其锈色、做工完全相同，其中必有一个是伪制器。因为铸造时代不同，其变化也肯定不相同。所以，对时代、式样的检视与鉴别有密切关系，一定不可忽视。

每一类青铜器，随着时代的不同，都有它发展和变化的规律。如鼎是青铜器中的大类，自商代二里冈期到汉代，流行的时间最长，但每个时代鼎的形状都有不同的特点。全面掌握时代各类器的形制特点，是青铜器鉴别知识的基础。伪器可以

分为直接铸造和拼凑改造两类。直接铸造的又可分为两种情形。第一种情形是铸造的伪器，它的器形和铭文均有所本，尽管模仿得并不准确，但也有一定水平。第二种则是毫无根据的杂拼，意在作奇，稀见为贵。直接铸造的伪器，有的器形或铭文只有部分有所本，部分故意改了样。如器形有所本，但是却铸上了杜撰的铭文，或者铭文有所本，却铸在毫不相干的器上。拼凑改造的作伪，是水平很低的作伪，如果不仔细观察，也有上当的可能。这类作伪大多是在睦的器物上作部分改造，使人产生新奇感，从而可以获得厚利。

此外，还必须注意锈色。因为锈色是古铜器所特有的优点，也是鉴别时最应该注意的地方。铜器流传到现在，其流传方式可分为三种，即入土、坠水与传世。实际上坠水与传世的古代铜器只占很少的一部分，最多的方式是入土，所以现在所

▲ 清代　铜嵌金银天鸡尊
　11.4厘米×6.7厘米。现藏台北故宫博物院。

见的铜器几乎全部是出土的。这三种方式流传下来的铜器虽然受到不同的侵蚀而变化，但所产生的锈色并无太明显的区分。如今所常见的锈色，大致有绿锈、红锈、蓝锈、黑锈、紫锈等。绿锈又分普通绿、玻璃绿与孔雀石绿。红锈的颜色如朱砂，成斑片的又叫朱砂斑。黑锈光泽明亮而成斑片者，称为"黑漆古斑"。除此之外，还有水银沁及流金等锈色。

以上各式各样的锈色，不管是入土、坠水、传世哪种方式，所流传下来的铜器都有，不过极佳的器具略有区别。入土千年以上的铜器，其锈色纯润，绿者如翠，红者如翡。坠水的铜器锈色美洁，绿者如瓜皮，红者如柿红。传世的铜器锈色稍黯，紫褐者居多，这是因为空气的侵蚀没有水与土侵蚀得快的缘故。只是如今讲究铜器本身，不计较流传的方式，只看其锈色如何。

锈色的种类、深浅及其优劣，不能作为判断真伪的依据，因为这些是与地理环境有关。如陕西商州一带所产出的铜器，大多是黑漆古与水银沁，或呈孔雀石绿与玻璃绿等。而岐山法门寺一带的铜器锈色多黑暗，有绿锈者也是绿而黑，红锈者也是红而黑，像生铁锈一样，但颜色不鲜明，这是与灰坑有关系的，此地古时遭过火灾。至于陕西其他地方所产出的铜器，其锈都坚实而不糟朽，玻璃绿与孔雀石绿占多数，红锈及蓝锈的铜器较少，大多是三代时的铜器，因为古时这个省是全国的政治中心地区。

至于山西出土的铜器也是各地不同。西南一带铜器的锈坚实，红锈较多，蓝锈、绿锈较少，大多是东周时期的铜器。

▲ 东汉　错银铜牛灯

通高46.2厘米，牛身长36.4厘米。现藏南京博物院。

灯座为一立牛，牛腹中空；灯体作长圆筒式，盏为一圆盘，盘沿有錾，盏上有两片瓦状的镂空罩，可开合；罩上有一穹顶形盖，盖中心有一弯状管连接牛头；除灯罩外，通体有流云状的错金银龙凤纹饰；铜牛灯通体光滑，工艺精湛，整体纹饰运用流云纹、三角纹、螺旋纹图案为地，饰以龙、凤、虎、鹿以及各种神禽异兽等图案，线条流畅，飘逸潇洒。

北部地区出土的铜器红锈和绿锈都有，只是没有玻璃绿及孔雀石绿，大多是汉代的铜器。

河南出土的铜器都是绿锈，而且满绿的占了十之八九，只是颜色很浅，质地不佳，绝对没有玻璃绿锈及孔雀石绿锈，全部是东周时的铜器，做工粗陋，而且大多是素器。

山东所出土的铜器，都是"干坑器"，绿锈很多，不过硬绿的较少。其锈色极其糟朽，用指甲轻刮就会掉屑。

河北易州、曲阳一带所出的铜器，锈

色较佳，红锈的多，蓝锈和绿锈较少，大多是东周时期的铜器。

至于北京一带，如古北口、张家口所出的铜器，全部与山西北部出土的铜器相同。

鉴别锈色的真伪，方法是极为简单。凡是伪制的锈色，不论是何种颜色，如果用加碱的开水一刷，其锈即落，伪迹便暴

▲ 西周　羞鼎

通高19.4厘米，腹深10.6厘米，口径17.3厘米，腹围57.3厘米。现藏台北故宫博物院。

圆鼎，立耳、腹微夸、柱足，附木盖，盖残破，腹外弦纹，腹内有铭一行三字。

▲ 西周　逦簋

通高17.5厘米，腹深11.3厘米，口径19厘米，底径20.5厘米。现藏台北故宫博物院。

器身平口，腹旁两兽首耳衔环，圈足之下另有三足，器身外表饰瓦纹，三足上端饰兽面。

露无遗。如果用加碱的开水刷真锈，真锈反而会更加明显。这是鉴别铜器真伪的绝妙方法，屡试不爽。不过对于伪造的玻璃锈，这种方法就不适用了，必须用烧红的铁去烫它。如果是伪制品，则会散发出松香与胶味，真品则毫无变化。如果是用硝镪水与盐卤混合制造的伪锈，这种方法也不适用，但用舌头舔一下即可辨知。凡是有盐卤味的都是伪制品。而且伪锈大多深浅不匀，粗糙不润，锈与铜器本身有较明显的分野，终究不如真器那样深浅适度，坚实匀净，锈与铜器融合为一体，具有自然之美妙。

至于黑漆古与水银沁的真伪，就很容易辨认了。真正古代铜器上的锈色与器体同样坚硬，即使用利刃刻划也毫不坠落，即便有坠落的，遗留下的痕迹仍是黑漆古与水银沁。伪制品用指甲轻划就能剥落锈屑，而且会显露出铜质，可以明显地看出是从外面贴上去的皮色。伪造的流金，色浮而黄，光耀鲜亮，与真锈的沉实有差别。

花纹是鉴别铜器很重要的方面，对此绝对不能不知道。夏、商、周三代以前的铜器，花纹少而且朴质简陋。夏朝初年，社会进步了，工具改进，做工也精细，铜器从这时才称得上宝贵。不过，夏初铜器仍有以前遗风，花纹还很简朴，都是简单的式样，成章、成幅的大段花纹还不多见，花纹的痕迹还很细浅。到了商代时，做工精细，花纹繁多，满花纹的铜器居多，而且花纹的痕迹比以前宽而深。周朝的铜器与商朝的相同。总之，夏、商、周三代铜器的花纹虽然前后略有不同，但其内宽外窄的特点都是相同的。至于做工都

▲ 西周　董鼎

通高62厘米，口径47厘米。现藏首都博物馆。

折沿方唇，口微敛，折沿，方唇，直耳，鼓腹，兽蹄形足；两耳外侧各饰一组两头相对的龙纹，口沿下饰一周由六组兽面组成的兽面纹带，三足根部各饰一组兽面纹，兽面纹下饰以三道弦纹。

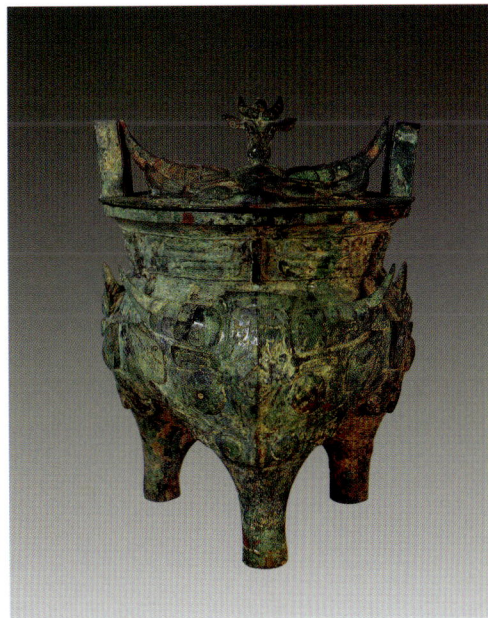

▲ 西周　伯矩鬲

通高30.4厘米，口径22.8厘米。现藏首都博物馆。

此器全身以牛首为主要装饰，造型华丽；器物造型为立耳、三袋形足，有平盖；全器装饰立体与浮雕的牛首共7个；整个器形端庄厚重，纹饰大方，不加地纹。

是剔透玲珑，像是先铸成铜器胚胎，然后镂刻花纹镶嵌在上面。

秦、汉时期的铜器，朴素的居多，带花纹的比较少。即便偶然有带花纹的铜器，其花纹也是浅而粗糙，不过三代时内宽外窄的特色还能仿制得惟妙惟肖。自晋代以后，花纹大多粗劣，不仅三代的特色见不到了，就是秦、汉时仿作的精美之处也见不到了。鉴别者根据这些知识来辨别真伪，虽然未必完全准确无误，但也差不太远了。

作假的青铜纹饰有许多种，大致有如下几种情况：一是假器作假纹饰，以苏州周氏作坊出品为最精致。北京也有高手佳作出现。这些艺匠的纹饰功夫很深，即便是伪作也可算得上是精美的工艺品了。但对于鉴别真伪来说，只要细心审视，还是能看出破绽的。因为一件纹饰再精致的青铜器，也是不可能在器形、皮壳、锈色等

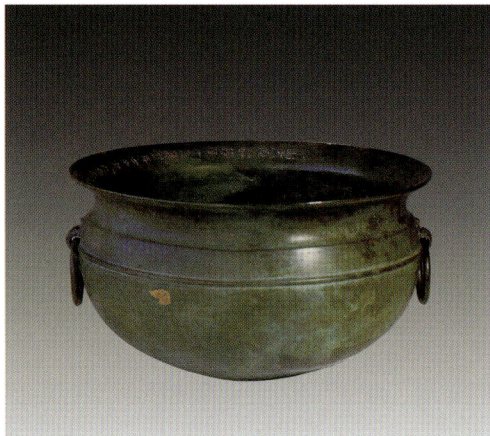

▲ 西汉　"中山内府"铜鎏
高22.5厘米，口径41厘米。现藏河北省博物馆。
敞口、颈微敛，微鼓腹、假圈足；纹饰极简，腹部饰凸弦纹一周，上饰蟾蜍形铺首衔环一对；口沿上刻铭文。

方面都十全十美的。二是在素面真器上添刻花纹。这种手法很普遍，比如在毫无花纹的素器上加花纹、在有少量花纹的真器上添加花纹、在花纹锈浊不清的情况下加刻花纹、在镶嵌脱落的花纹上重新加入镶嵌物等等。曾有这样的事例，当错金银的越王剑被发现后，就有一些作假者，在素剑上补刻花纹、错以金银出售，却因技术欠佳而被识破，终贻笑大方。

鉴别这些改刻或增刻的纹饰，可首先比较其本身或周围的表层和地子是否与该器的其他部位一致，因为若是后刻的，一定是破坏了原有表层的色泽。其次找一下每组花纹的接合处是否有范痕，因为花纹是刻在范块上拼合浇铸的，没有范线就有作伪的可能性。再有就是作伪者对商周青铜器纹饰的规律把握不准，比如纹饰一般虽有地纹和主纹之分，但二者其实关系密切。如兽面纹卷角或勾尾的收头处往往是像同心圆一样与地纹的小圈连

▲ 商代　乳钉雷纹簋
高15.5厘米，口径24.7厘米。现藏山西省右玉县博物馆。
侈口，深腹，圈足略外撇，纹饰繁复；口沿下一周凸出的火纹，间隔以鸟纹，这种火纹与鸟纹组合的纹饰极罕见；腹饰乳钉雷纹，圈足饰兽面纹。

接起来的，但作伪者往往忽略了这一细微的特征。

兽面纹

兽面纹古称饕餮纹。饕餮为传说中贪食猛兽之名，古人认为此兽有首无身极为恐怖，实际上这类纹饰是各种各样动物或

▲ **明代 仿古铜觯**
高18厘米。北京保利国际拍卖有限公司2007年拍卖，成交价3.584万元。
"龙文作"款；制作精美，纹饰简略而不失大气。

▲ **明末清初 错金银龙纹圆壶**
高15.7厘米，腹宽9.5厘米，口径4.6厘米，足径6.7厘米。现藏台北故宫博物院。
直颈、兽首衔环耳、鼓腹、圈足；全器嵌金银，口、足饰绚纹、颈饰几何纹、蕉叶纹，腹饰弦纹、夔纹、如意云纹；内附胆。

幻想中神兽的头部正视图案，后另名为兽面纹，比之饕餮纹更确切、明了。兽面纹主要的装饰对象是鼎，青铜鼎除了作为实用器之外，还有一个重要用途，就是作礼器使用。兽面纹大都以夸张的兽面、简洁的线条来修饰器物，相信这同当时人们的宗教信仰和社会宗法制度有着密切的联系，这也是研究古中国的社会、经济与宗教的主要依据。兽面纹的特点是以鼻梁为中线，突出正面造型，两侧作对称排列，上端第一道是角，角下有目，较具体的兽面纹在目上还有眉，目侧有耳，多数有

爪，两侧有左右展开的体躯或兽尾，少数简略形式的则没有兽体和尾部。可以说所有的兽面纹基本上是按这一模式塑造的，只是在表现方法和技巧上，随着时代的发展而不同。

龙纹

龙纹包括夔纹和夔龙纹。龙在古人心目中的形象是多种多样的，因此纹饰也各有不同，按图案结构分，有爬行龙纹、卷体龙纹、交体龙纹、双体龙纹、两头龙纹等。

龙是古代神州传说中的动物。一般反映其正面图象，都是以鼻为中线，两旁置目，体躯向两侧延伸。若以其侧面作图象，则成一长体躯与一爪。

龙的形象起源很早，但作为青铜器纹饰，最早见于商代二里冈期，以后商代晚期、西周、春秋直至战国，都有不同形式的龙纹出现。

▲ 商代　兽面纹鼎

高26厘米。现藏山西省博物馆。

立耳，折沿，浅腹直壁，底略圜，三锥足较高；腹饰一周兽面纹；体躯部分以细线条为主，大部分空隙处填以雷纹，结构较为别致。

商代多表现为屈曲的形态；西周多表现为几条龙相互盘绕，或头在中间，分出两尾。

传说龙的出现与水有关，《考工记·画缋之事》谓："水以龙，火以圜。"是用龙的形象来象征水神，因此在青铜水器中，龙的图案或立体形象有更多出现。

根据龙纹的结体大致可分为爬行龙纹、卷龙纹、交龙纹、两头龙纹和双体龙纹几种。自宋代以来的著录中，在青铜器上，凡表现为一爪的这样纹饰，又称为"夔纹"或"夔龙纹"。

夔纹

图案表现传说中的一种近似龙的动物——夔，多为一角一足，口张开，尾上

▲ 西周　兽面纹方座簋

高29.5厘米，口径22.4厘米。现藏陕西省宝鸡市博物馆。

侈口平唇，鼓腹，双耳兽首形，兽角高出器口，下垂长耳，方座四面和器腹均饰有兽面纹，圈足则饰有四组兽目交连纹。

卷。自宋代以来的著录中，在青铜器上，凡是表现一足的类似爬虫的物像，都称之为夔或夔龙，这与古籍"夔一足"的记载有关。《说文·夊部》："夔，神也，如龙一足。"有的夔纹已发展为几何图形化的装饰，变化很大。常见的有身作两岐，或身作对角线，两端各有一夔首。盛行于商和西周前期。

凤鸟纹

凤凰始见于《诗经》，原为"凤皇"，汉代毛亨解释为"雄为凤，雌为皇"。凤和龙同为古代的祥瑞动物。"天命玄鸟，降而生商"，说明玄鸟就是商的图腾，在古代，凤鸟就是鸟图腾的代表。

▲ 西周 百乳龙纹鼎

高17.6厘米，口纵11.2厘米，口横14.9厘米。现藏滕州市博物馆。

器作西周早期典型的方鼎形制；体呈长方槽形，直耳方唇，腹壁倾斜，四隅有扉棱，柱足细长。

▲ 西周 兽面龙纹大鼎

高122厘米，口径83厘米。现藏陕西省淳化县文物管理所。

平沿方唇，直耳硕大，腹壁较直，蹄足粗壮；两耳外侧饰相对的卷尾鹿角龙纹，口沿下饰六条龙纹，两两相对。

凤鸟纹按照构图形象分为长喙鸟纹，体躯是鸟，头部有一较长的喙；鸱枭纹，正面，大圆眼，毛角大翅，盛行于商代中晚期；雁纹，是鸟纹中写实的形象，属春秋晚期北方的风格。凤鸟纹多饰于鼎、簋、尊、卣、爵、觯、觥、彝、壶等器物的颈、口、腹、足等部位。

良渚文化出土的玉琮上已有明确的鸟纹。青铜器上最早出现的是二里冈期的变形鸟纹。殷墟时期已有鸟纹作为主要纹饰。西周早期起鸟纹大量出现，一直到春秋时期。

商代鸟纹多短尾，西周鸟纹多长尾高冠。

蟠螭纹

民间有龙生九子，蛟和螭都是龙子的说法，而蟠则指"盘曲而伏"。古代铜器上的蟠螭纹，其身体和腿似龙，而面部似兽。此纹兴起于商、周，是春秋战国和汉代玉器上的主要纹饰。战国的蟠螭纹，

▲ **商代　蟠龙纹盘**

　　高16.3厘米，径43厘米，腹深7.5厘米，高8.2厘米。现藏台北故宫博物院。

　　圆腹圈足，足下有外凸圈足座；盘面饰龙纹蟠绕于中心，蟠龙外围有鱼纹、夔龙纹及鸟纹围绕；盘外面上层饰夔纹，上有如棱脊的平面纹饰；圈足上饰俯首夔纹，下有如棱脊的平面纹饰。

▲ **西周　凤鸟纹鼎**

　　通高23.4厘米，口径39.1厘米。现藏辽宁省博物馆。

　　器身似盘，侈口浅腹，附耳，柱足；口沿下饰长冠凤鸟纹一周。

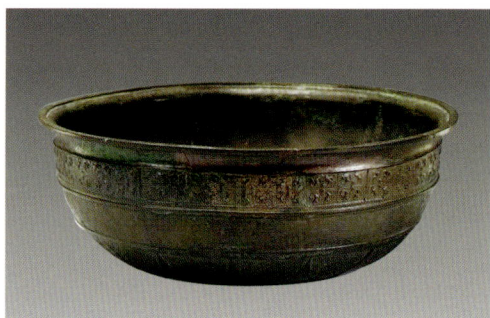

▲ **战国　蟠螭纹鉴**

　　现藏台北故宫博物院。

　　折边、弧形壁、平底，外壁饰蟠螭纹。

圆眼大鼻，双线细眉，猫耳，颈粗大且弯曲，腿部的线条变弯曲，脚爪常上翘。身上多为阴线勾勒，尾部呈胶丝状阴刻线。汉代，眉上竖，眼眶略有下坠，鼻梁出现了细线划纹，身体与战国时没有差别，只是尾部出现两个卷纹，只有三条腿。南北朝时期，眼睛稍长且有弯度，嘴边两腮多有凹槽，头上有的长角，有的

无角，腿短，一般前腿只有一个，所以也是三条腿，有时，前腿伸出一点作为第四条腿，尾部的卷云纹较以前宽了一些。宋代，最大的特征是在鼻子下有一条很宽的阴线，极富立体感。元代，头额宽而高，其眉、眼、鼻、口都集中在整个面部的下方，仅占面部的三分之一，颈项低下，许多地方已被发毛掩住、上升、伏地、盘旋

▲ **春秋 蟠螭纹镈**
　　高40.3厘米。现藏台北故宫博物院。
　　器体呈合瓦形，中部微鼓、口平直；钮作筒形二龙交缠形，鼓、钲、枚、舞各处均饰盘云纹，篆间饰蟠虺纹；枚作六瓣花纹，造型浑朴、纹饰精雅。

等形象，其气势磅礴，形态美观。直至清代，则出现了以前各个时代均未有的独特纹饰。

蟠虺纹

　　青铜器上的一种纹饰。有三角形或圆三角形的头部，一对突出的大圆眼，体有鳞节，呈卷曲长条形，蛇的特征很明显，往往作为附饰缩得很小，有人认为是蚕纹。个别有作为主纹的，见于商代青铜器上。

　　商末周初的蛇纹，大多是单个排列；春秋战国时代的蛇纹大多很细小，作蟠旋交连状，称"蟠虺纹"。

云雷纹

　　是变形线条纹的一种，大都用作地纹，起陪衬主纹的作用。用柔和回旋线条组成的是云纹，有方折角的回旋线条是雷纹，盛行于商中晚期。

涡纹

　　又称火纹。顾名思义，近似水涡，故

为涡纹。其特征是圆形，内圈沿边饰有旋转状弧线，中间为一小圆圈，似代表水隆起状，圆形旁边有五条半圆形的曲线，似水涡激起状。有人认为，涡纹的形状似太阳之像，是天火，故又称火纹，商代早期的涡纹是单个连续排列的，商代中晚期至春秋战国时期，一般与龙纹、目纹、鸟纹、虎纹、蝉纹等相间排列。涡纹多用于罍、鼎、斝、瓿的肩、腹部，它盛行于商周时代。

重环纹

　　由略呈椭圆的环组成纹带，环有一重、二重、三重，环的一侧形成两直角或锐角。有时也与其他纹饰相配出现。盛行于西周中、后期。

窃曲纹

　　是由两端回钩的或"S"形的线条构

▲ **战国 蟠虺纹壶**
　　高28.5厘米。现藏台北故宫博物院。
　　圆壶，直口、短颈、双兽形耳、圆腹、圈足；器肩部与腹部下方饰一圈三角形叶纹，腹部饰四道蟠螭纹饰带。

▲ 春秋　涡纹鼎

　　高20.4厘米，口径20.7厘米。现藏山东省吕县博物馆。

　　侈口，折沿，沿上两立耳，耳饰弦纹；腹上饰一周涡纹。

成扁长图案，中间常填目纹，盛行于春秋战国。

蝉纹

　　图案大多数在三角形中作蝉体，无前后足，四周填以云雷纹。也有作长形，并有前后足的，中间再填以云雷纹。

蚕纹

　　头圆，两眼突出，体屈曲状。多饰于器物的口部或足部。

象纹

　　图案表现象的形态，有长鼻构成明显的特征，也有单以象头、象鼻为图案的。

鱼纹

　　图案表现为鱼的形态，有的鱼形象较为呆板，有的形象生动。脊鳍与腹鳍各一个或两个。鱼纹常饰于盘内，反映器物装饰和器物的造型是密切结合的。鱼纹也常施于铜洗和铜镜上。

龟纹

　　其状一般是刻画出龟的全形，在铜器中见到的不多，多施于盘内。

贝纹

　　形状作贝壳状，将单独的贝壳连接起来组成图案。

云雷纹

　　青铜器上的一种典型纹饰图案。它的基本特征是以连续的回旋形线条构成的几何图形。有的图案作圆形的连续构图，称为云纹；有的图案作方形的连续构图，称为雷纹。云雷纹常作青铜器的地纹，用以烘托主题纹饰，也有单独出现在器物颈部或足部的。

勾连雷纹

　　由近似T形互相勾连的线条组成。

乳钉纹

　　青铜器上最简单的纹饰之一。纹形为

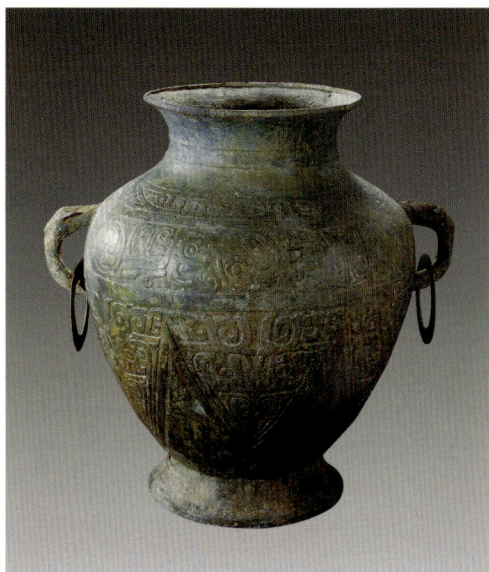

▲ 西周　火龙纹罍

　　通高31.5厘米。现藏湖北省博物馆。

　　侈口，束颈，广肩，敛腹，圈足外撇，腹部内填卷角龙纹的三角纹。

▲ 春秋　曲折纹壶
　　通高34.5厘米。现藏山东省烟台市博物馆。
　　喇叭口、细颈、圆鼓腹、圈足，肩有双环耳；颈部凸弦纹，腹饰三角形曲折纹。

凸起的乳突排成单行或方阵。另有一种图案，乳钉各置于斜方格中，称为斜方格乳钉纹。

　　款识也是鉴别铜器的重要依据。古代金石之上的文字，凹者为款，凸者为识，款在内而识在外。如今则无论凹凸，无论内外，统称为款，已经不再谈及识了。夏、周两朝的铜器大多是款、识兼有，商朝的铜器大多是无款而有识，秦、汉的铜器有款者少，有识者更少。古代铜器上有没有款识是不确定的，鉴赏古玩的人不能完全把这作为证据来判断真伪。但是，古代铸器是极为精细的，任何方面都很用心，有款识的必定布置合理，字体匀整，笔画明净，无丝毫模糊迹象。而款识不清，字迹模糊，深浅不一，粗细不等，排列不匀整，样式不端正的，都是野铸伪制

的铜器，无须进行考证了。

　　字体的变化也是极为重要的。三代以前没有文字，所以器物上只有图形；夏初逐渐出现了阳文古字，以后演变为象形鸟迹篆；商朝时虽仍用象形文字，但鸟迹篆字已经很少，大多为虫鱼篆；周朝时虽然仍用虫鱼篆，但已经间杂有大篆，而东周之后又改用小篆，象形文字也就见不到了；秦朝时大、小篆兼用；汉初仍沿用小篆，以后则纯粹使用隶书；三国时期，篆书绝迹，只存有隶书；自晋代以后至前清时期，除仿制铜器选用原来的字体外，其余的都使用楷书了。按照上面字体的变化，铜器真伪很容易就可以判别出来了。

　　宋代以来，金石在一切文物中具有独

▲ 西周　方格乳钉纹鼎
　　宽21.4厘米，高25.1厘米。现藏台北故宫博物院。
　　盘口、立耳、深腹、柱足；腹饰鸟纹、菱格纹，以雷纹为地，菱格纹中央为圆突乳钉纹，腹范线明显。

▲ 商代 雷纹簋

高27.6厘米，口径24.8厘米，腹深14.2厘米。现藏台北故宫博物院。

侈口、圆腹、圈足，足有气孔。颈饰云雷纹，上下连珠纹，中央有小兽首，足饰兽面纹，以雷纹为地。

特的地位，金石家的研究重点是文字，当作历史文献对待的青铜器铭文，往往有很高的经济价值。那时收藏家们对青铜器的搜集，往往偏重在铭文方面，晚清是铭文作伪的主要时期。商周时代青铜器铭文的铸造，是另做一块铭文范，嵌入主体内范中。有的铭文嵌得很平整，周围没有明显的痕迹。也有嵌得较粗糙，突出器的表面，如秦公簋、蓁器组的铭文皆是如此。商周时代在铸造长篇铭文时，有的还要划好线条或打好格子，所以一般铭文横行直行都比较规整，而从事在陶范上刻铭文的技工，技术很高超，书写也很流利。由于范土的铭文是阳线条，因此铭文范上阳文在刻完后，乘湿嵌入主体范中，字口厚度要避免与外范接触而需修正，可能要微作接揉，与主体范修正，这样阳文字的上口就大，而铸成的铭文往往有字口小底部大的感觉。这必须精细的观察才能发现。

同时在字口内具有磨砂玻璃那样均匀的无光感，字体笔画的转折处，呈非常自然的圆势。当然，这只是在一部分商和西周早期的青铜器上是如此。而后刻的铭文，有的是有所本，字体比较拘谨、呆板，字口内有或隐或显的刀凿痕。而用翻砂法铸造的青铜器，泥料颗粒比较粗，铭文笔画的表面与细腻的范土铸造不同。

古铜器的做工非常规律匀整，与现在的机器制品毫无差别。如果是重要的器具，则更为精妙雅致，所谓"鬼斧神工"，绝对是当之无愧的。即使是不懂铜器、不爱铜器的人见了，也必定知道是宝贵之物，也必然爱不释手。一般人常有古铜器为何珍贵、为何可爱的疑问，凡是这样发问的人，都是因为没有见过真正的古代铜器。真正古代铜器的精美，见到以后自然就明白了。伪制品虽然在许多方面都可以欺骗世人，不过在做工方面无论如何也达不到前人的水平。鉴别者只要在做工方面多加小心，就不会轻易被世人欺骗了。

古代铜器的装饰物多用珍宝，如金块、珍珠、宝石等，这是秦始皇以独特手法取胜的方法，绝对不会使用平常的物品来镶嵌。后世进行伪造时没有如此实力，只能以孔雀石、青金石充当，其差距真有天壤之别。所以凡是遇到镶嵌铜器，如果没有珍贵物品，就可以判定为伪制品，不用进行考证了。

古铜器中的真品，无论是用入水、入土或传世哪种方式流传下来，只要流传的时间久，其器闻起来都没有任何气味。不过，古代铜器新出土时还带一些泥土气味，时间一久也会消失。伪制者无论伪制何种器物，在器物上装饰何种颜色，只要

▲ 西周　虢季子白盘

长130.2厘米，宽82.7厘米，高41.3厘米。现藏中国国家博物馆。

通体呈椭方形，具四边、圆角，周身满饰窃曲纹及大波曲纹；每边饰兽首衔环二，共八兽首；内底铸有铭文111字，篇幅工整，结字优美。

▲ 商代　引作文父丁鼎

高75.9厘米，口径54.5厘米。现藏台北故宫博物院。

三蹄足、双立耳、鼓腹、最大径近于腹中部；深腹、折唇、立耳微向外张，造型浑厚雄伟，为殷末周初铜鼎之特色；铭文三行八字。

▲ 商代　亚形文父乙鼎

宽25.7厘米，高30厘米。现藏台北故宫博物院。

盘口、立耳、深腹、柱足；颈饰圆涡纹、四瓣目纹，以雷纹为地；口沿内侧有铭一字，外底范线明显。

用手或猫皮擦拭后闻一下，必定有一种刺鼻的铜腥气味。但真品不管如何抹擦，也不会闻到任何气味。这种方法最简单，经试验也是最灵验的，考古的人应该知道。但如果伪制品中掺入水银，则制成后铜器的腥味就被水银掩盖了，无论怎样抹擦也不会产生铜腥气味。如果是这样，则从声音也可判断出真伪。古代铜器的声音微细而清脆，新制铜器声音浊重而杂乱。一经敲击，铜器的新、旧即可判明，考古的人必须知道这个道理。

铜器上凡是有天干字样的，都不是商代的器物。商代总共有二十八个君主，除成汤外，都以天干等字命名。考古者见到铜器上有天干字样时，都认为是商朝的器具，实际并上不是这样。经查证，商朝国君以"甲"命名的共有六人，除汤的父亲外并没有以"癸"命名的。为何铜器上有"癸"字者占据多数，反而没有见到一个有"甲"字的器具呢？所以，有天干字样

▲ 西汉 嵌金银云纹奁
高10.2厘米，径8.7厘米。现藏台北故宫博物院。
筒形器身，下接以三蹄足。器身以金银片镶嵌大面积的勾连云雷纹，为蟠螭纹抽象变形的图案。

▲ 战国 嵌金银松石牺尊
高28.6厘米，径40.6厘米。现藏台北故宫博物院。
整体作动物造型，全器以金属丝镶嵌勾连云雷纹，以绿松石镶嵌眉毛，颈部为贝纹项圈，背部开孔以纳酒，口部有流以倾酒。

的未必都是商代铜器。即使属于商代铜器，其天干字样也不是记年，而是记日期的。在古时，国家大事主要有祭祀与征伐。祭祀是内部事务，征伐是对外事务。外部事物选择刚日，内部事务选用柔日。甲、丙、戊、庚、壬，这些都是刚日；乙、丁、己、辛、癸，这些都是柔日。铜器上刻柔日的占十分之九，因为国家征伐之事不常有，而祭祀之事则每年都有。鉴别者必须将全部条件归纳到一起来作结论，不可以偏执一端而论真伪。

古代字体繁杂，必须考证确切后才能论断，不可以随意曲解。如古时巳、子二字最容易混淆，"子"字古作"𠂤"或作"𢀄"，"巳"字作"𢀖"，不知道的人往往解释错误。如周代敢敦上的铭文为"乙子"，史伯硕文鼎的铭文是"惟

王六年八月初吉己子"，商代元癸彝铭文是"丁子"。以干支相配的顺序来推断，"丁"、"乙"、"己"与"子"都不相配，这里的子字应该是巳字之误。

上古的甲骨文多半都是干支等名，循环的次序与现在并无差异。即使三代其他器物上的记载，在干支相配上也没有不相符的。为何只在铜器上出现了紊乱呢？这必然是不可能的事。之所以出现不相配的情况，是后人错误地把"巳"解释为了"子"字，如果换成巳字，则没有不通顺的。

还有"戊"、"戌"二字，大多解释为戈形、立旗形的。古字大多是象形的，即模拟事物形象，象形字即是古字，但模拟事物形象的并不都是字。而这样解释戊戌，是没有道理的。"戊"作"戊"或作"土"，"戌"作"戊"或作"吐"，或作"圧"，前人不认识，误以为是所象之形。因此前人之说，也未必都是可信的。

铜器的评价

古玩大多数都有一定的价格，只有古铜器、旧玉器没有定价，这是古玩行人所共知的事，而社会上一般的人并不知道。因为一般的古玩器物，其优劣之处容易分辨，鉴别结果之间的差别相距不远。例如，实际价值在千元的物品，可能被断定价值八百元或一千二百元，但绝不会有断定只值数元的。如果实际价值为数元的物品，可能有估数十元，但绝不会断定其价值在千元以上。不过，铜器与旧玉相反，而又以铜器较为明显。同一种器物，购买

▲ 商代 □父癸高鼎

带耳高20.1厘米，器高17厘米，口径16.5厘米，腹深9.5厘米，现藏台北故宫博物院。

鬲形腹实足鼎，腹饰不带身兽面纹，有雷纹衬底，铭文□父癸部位与一条范线部位相对应。

▲ 商代 父乙甗

宽32厘米，高44.4厘米。现藏台北故宫博物院。

甑鬲连体，相连处有十字镂空箅，侈口、立耳、深腹、分档、柱足；全器嵌金银，耳饰绚纹，颈饰兽面纹，腹下侧饰蕉叶纹，内填兽面纹，鬲分档饰兽面纹；口沿内有铭。

▲ 西周　子父戊簋

高14.3厘米。现藏台北故宫博物院。

侈口、双耳、圆腹、圈足，耳作兽首形附珥，足有旧补；颈饰鸟纹，中央为小兽首，足饰夔纹；器内有铭。

者知道它的优点就舍得花钱，即使花千万元也值得；如果不知道它的优点就不舍得花钱，即使几元钱也不会购买。

比如现在有一商鼎，在古玩商那里把一万元作为最高定价。如果私人收藏清玩，则值两万元；如果学者用来进行考证，则可以值五万元。如果中国购买用于博物馆收藏，则可值十万元；如果美国购买用于博物馆收藏，则可值二十万元。并不是学者、博物馆、美国人必定会出高价，而是出高价他们也会觉得不吃亏。因为价值有如此大的伸缩性，如果想要详细

列出其价值，岂不是一件非常困难的事吗？详细考察铜器的价值，之所以有这么大的伸缩性，并不是铜器本身的变动，而是人的知识水平不一造成的。

铜器流传下来的年代太远，制造的时候没有底册，而流传时又没有系统合理的考证著录。从古至今研究铜器的人，只不过是读些章节片段的记载，或是亲眼见过若干个局部器物，实际上与盲人摸象没有太大区别。个人只凭自己所接触的部分作一结论，因此很难有相同的结论，这是对铜器的评价不尽相同的原因。现在将近年

▲ 商代 蝉纹鼎
　　高16.6厘米。现藏台北故宫博物院。
　　盘口、双耳、深腹、柱足。腹饰兽面纹、蕉叶纹（内填兽面纹），以雷纹为地。腹范线明显。

▲ 明代　素盘

高6.3厘米，径17.7厘米。现藏台北故宫博物院。

▲ 清代　御制铜雕夔龙纹环耳瓶（一对）

高50厘米。北京保利国际拍卖有限公司2010年拍卖，成交价660.8万元。

该器以精铜为料，铸造精良，打磨光滑，敞口，溜肩，环耳，鼓腹，圈足，圈足有"大清乾隆年制"款；环耳耳部雕夔龙纹，并有衔环；器身通体雕饰夔龙纹，圈足上部雕蕉叶纹，足部一圈雕饰回纹；整器大气精良，复古华美。

▲ 清代　铜鎏金龙纹出戟方觚

　　高49.5厘米。北京长风拍卖有限公司2008年拍卖，成交价153.525万元。

　　方形敞口，束腹，方圈足。正面雕五爪正龙捧寿，饰海水祥云；侧面雕海水云龙；腹部寿字纹，围饰两夔龙；口部和底部饰回纹，口部有"大清乾隆年制"六字单行楷书款，边棱出戟，全器鎏金。

来铜器价格涨落的情形列举如下：

三代铜器完整且有文字的须万元以上，文字越多则价格越高。如果有数十字以上的铜器，则是无价之宝，数十万元也值得。铜器上没有文字的就不值钱了。花纹颜色上佳的最多可值数千元，平庸的只值数百元而已。秦汉时期的上佳铜器，也有值数千元的，但普通的都不太贵，数十元、数百元是最普遍的。晋以后没有什么名器，值钱的特别少，估价极不容易确定，但最多不过几百元而已。

铜礼器

青铜礼器的种类

礼器是祭祀宴享之器。

簠

簠读作甫，盛稻谷高粱的器具。方形和圆形的都有，以方形为多。底有缺口，底部较宽，越往上越窄。到器物主体时，则越往上越宽，呈敞口形。有盖，盖就像将正器翻转倒置一样。正器有提梁，旁有两环。

簋

簋读作晷，盛放黍、稷的器具。方形和圆形的都有，以圆形的为多。底也有缺口，形状像簠，两旁有二兽头衔环耳，也有像平顶纱帽一样的盖。

卣

卣读作酉，盛酒的器具。用来盛醇美的酒浆以注到灌尊里，浇在地上以祭神。

▲ 商代　妇好钺

通长39.5厘米，刃宽37.3厘米。现藏中国社会科学院考古研究所。

形似斧，弧形刃，两侧内收，有对称的小槽六对；平肩，长方形内，肩下有对称的长方形穿；钺身两面靠穿处均有虎食人首纹，在两虎的背后分饰一条倒立的小龙；钺身有铭文。

▲ 商代　乳钉纹簋

高18.8厘米，口径26.7厘米，腹深14.4厘米，足径19.3厘米，足高4厘米。现藏台北故宫博物院。

直腹圈足稍外张的无耳簋。全器纹饰满装分成三层：颈饰圆涡纹与四瓣花纹相间，此层主体纹饰呈浅浮雕宽面，余为浅浮雕雷纹衬底，为主体纹饰与雷纹浮雕面等高的风格。

其形状如圆筒，下部较宽，有平圈底，有提梁，有圆盖。

觯

觯读作至，酒器。容量三升，圆形，

▲ 西周　父己觯

　　口7.5厘米，足7.3厘米，高13.5厘米。现藏台北故宫博物院。

　　圆壶，侈口、鼓腹、圈足；颈饰窃曲纹，上下有弦纹，足饰夔纹，均以雷纹为地；圈足内壁有铭。

▲ 商代　亚址方尊

　　通高43.9厘米，口长33厘米。现藏中国社会科学院考古研究所。

　　口呈方形，素颈，窄肩，深腹，平底，高圈足；尊前四角及四边中部皆有扉棱；肩部四角有圆钮头，上套四象头，肩四边中部有圆环形钮，上套四鹿头；肩部、肩腹间及圈足皆饰有龙纹。

像瓶子一样。

钻

酒器。就像现在的细高瓶，只是口稍敞开，腹部凹入，下部如圆肚形。

罍

罍读作雷，酒器的一种，是尊中的大型器。大肚，圆口极小，两旁各有耳环，刻画作云雷形，所以称为罍。

尊

盛酒的器具，祭祀、宴享通用之器。形状平直，像截开的筒一样。口部稍敞，肩部微微缩入，下部稍稍突出，呈圆肚形。圈足的类型有六类，叫做牺、象、著、壶、太、山，各在尊腹之上画其形。

彝

酒器，与尊相同，但盛的酒浆与酒不同，所以改变了它的名称。彝一共有六种，形制相同，只是刻画的纹饰有所不同，分别为鸡、鸟、黄、虎、蜼、斝。器口微敞，器腹微凸，两耳，圈足。现在人们把凡是圆形的酒器且有圈足的，都统称为彝。

豆

古代的原式样已经无法考证，只知道是盛齑醢菹酱濡的器皿。据《清会典》记载，其开关像口腿碗，有盖，通体都雕刻有装饰性花纹。

敦

盛放黍、稷的器具，形状和彝相似。

散

酒尊。容量为五升的尊称为散，口小，形状就像今天所说的簸。

爵

饮酒用的器具。下面三足呈三棱形，越往下越细，足顶尽头成尖形。腹圆呈

▲ 战国　三角菱纹乳钉豆

高19.4厘米。现藏台北故宫博物院。

盖与腹呈圆球体，盖附圆捉手、子母口、环耳、圈足；盖、腹纹饰对称，近口沿处为三角几何纹，交角处有高突乳钉纹，下接蕉叶纹；捉手饰蟠螭纹，足饰三角几何纹。

▲ 商代　□□父癸斝

高33.4厘米。现藏台北故宫博物院。

分裆斝，侈口、直颈、鼓腹，口沿上有一对立柱，一足侧出兽首鋬；立柱饰夔纹，颈、腹、足饰弦纹，鋬阴有铭。

棱形，口不平，呈桥形，一端向上，一端向下。向下的的口部是流口，口上有两方柱。现今伪制品很多，虽然做得不是很好，但式样还算相符。

斝

斝读作贾，饮酒的器具。夏代叫琖，商代叫斝，周代叫爵，这三者虽然名字不同，但实际上是一种东西。因腹部画禾稼，故称之为斝叶稼。只是口缘成平行状，这是与爵的区别。

匜

匜读作移。洗漱用具，所以注水的部位形状如熨斗。腹部呈椭圆形，前方有流出水的地方。其形状就像今天的濑口盂一样，但是它的后部有把，并且有四个足。

▲ 商代　妇好爵

通高26.4厘米，口高21.2厘米。现藏中国社会科学院考古研究所。

长流尖尾，伞形顶立柱，圆腹平底，三棱形锥尖实心足；腹部有扉棱三条。

觥

酒器，形状和匜相似，不过有盖。

柶

柶读作四。形状像现在的水勺，礼器上称之为柶。

角

酒器，容量为四升，与爵相同，不同之处是开口上有两根柱。

盉

盉读作禾，和鼎相似，但有盖、嘴、执攀，是调制五味的器具。

鬲

鬲读作历，属于鼎类，盛饭时用鼎，

▲ **西周　德方鼎**
　　通高24.4厘米，口纵14.2厘米，口横18厘米。现藏上海博物馆。
　　立耳，方折口沿，腹浅，柱足细长；四足上端饰有牛首纹；铭文24字。

烹饪时用鬲。

鼎

这种器具现在还能看到，所以都认识。其形状有圆形的，也有方形的。圆形的有三足，方形的有四足，但耳都是两个。大小不同的鼎，其用处也不相同。如禹铸的九鼎是传国的宝器。有的可当作食器，有的用作烹饪器具，有的用作对人进行刑罚的器具。又有用作炼丹、煮药、煮茶的器具，如丹鼎、药鼎、茶鼎等，还可以当作焚香的器具。

甗

甗读作彦，上部像甑一样，可以蒸煮食物，下部像鬲一样，可以烹饪食物，它

▲ **商代　父癸角**
　　通高22.5厘米。现藏美国弗利尔美术馆。
　　器口弧曲，前后尖锐，圆卵形腹器腹饰有兽面纹和云雷纹。器及盖均有铭文。

· 53 ·

身兼这两种器具的功能。有的三个腿，呈圆形；有的四个腿，呈方形。

盘

盛东西的器具，大多是方形的。

卢

盘的一种，只是呈长方形，两端有环耳。

壶

和今天的壶不一样，而更像今天的瓶。大肚，有户，口、底都小于肚，无流，无执攀。方形和圆形的都有，大小也各不相同。

觚

觚读作孤，酒器，容量为三升。以前的说法是呈八角形，现今所见到的为圆形或四方形。与壶的形态刚好相反，腹部最小，底部大于腹部，而口部又大于底部，都为敞口。现在人们多用它插花，因而又称为花觚。

舟

尊器下的台座称为舟，就像现在所说的茶船。

▲ **西周　史墙盘**

高16.2厘米，口径47.3厘米。现藏陕西扶风周原文物管理所。

圆形，浅腹，双附耳，圈足。器腹饰鸟纹，圈足饰云纹，以雷纹为地。造型稳重、制作精工。内底铸有铭文284字。

觞

酒卮的总称。各种觞的形状都相同，只是容量略有差异。容量为一升的称为爵，二升的称为觚，三升的称为觯，四升的称为角，五升的称为散。俗名称作觯的，其实指的就是觞。

栖

和杯相同，酒器，也是盛羹的器具。

甗

一种炊具。

盒

覆盖，和洗相似，腰大，有足，有提攀。

瓿

瓿读作蒲，小坛子，用来盛放醯醢齑酱之类的东西，与壶相似，但比壶矮。

铺

豆类器具的一种。

锭

锭读作订，贮放熟食的器具，和豆相似，但有足。

铏

铏读作形，盛羹用的器具。

镇

镇读作富，炊器。和釜相似，但口部向内收。口上有鬲，用来煮熟食物。兽耳，两目连环。

镫

贮放熟食的器具。

斗

一种酒器。

卮

一种酒器。

洗

盥洗用器。

▲ **商代 妇好壶**

通高52.2厘米，器高41.5厘米，口径20.5厘米。现藏中国社会科学院考古研究所。

扁圆形口，平沿，长颈鼓腹，底略外凸；扁圆形矮圈足，颈部两侧有对称的兽头形贯耳。两侧及中间有扉棱。

▲ **西周 旅父乙觚**

高25.2厘米，口径13.2厘米。现藏陕西周原博物馆。

这种形制的觚状似唢呐，中腰特细，上部光素，唯在圈足上饰以虎耳龙纹，上下配置目雷纹，龙纹线条极高，似有镶嵌；圈足内壁铸有"旅父乙"三字。

▲ **商代 乳钉纹斗**

高5厘米，柄长12厘米，口径4.9厘米。现藏台北故宫博物院。

长宽相当的杯身，侧出一柄，长度为杯度的二倍多。杯身饰乳钉纹及细线浅浮雕三角纹。

铛

铛读作当，温酒器具。有足的鬴称为铛。

铅

铅读作宣音，外形和铛相似，没有足的小盆，铛有三足。用以温酒。

铫

有柄有流的铅称为铫。

青铜礼器源流及演变

中国号称礼义之邦，敦礼重义早就为世人所称道。孔子说："夫礼，先王以承天之道，以治人之情。故失之者死，得之者生。"《诗经》中说："相鼠有体，人而无礼。人而无礼，胡不遄死。"在中国古代的圣人和先贤看来，礼为人类的必要仪式活动，有礼则为人类，无礼则为兽群，礼与人群是密不可分的。因此做任何事情都要讲究礼仪，任何行为都要讲究礼仪，而其中又以祭礼最为重要。

礼器，即古代祭礼所用的器具。古时祭祀的事情很多，如祭天、祭地、祭山川日月、祭风云雷雨、祭先圣、祭先王、祭祖宗、祭神祇，凡是对人类有影响的一切事物，没有不祭祀的。并且，祭礼还有专门的器具，祭祀活动一多，用的器物也必然增多。祭天需要器物，祭地需要器物，各种祭祀都有专门的器物，因此祭器也就随之增多了。如今这些祭器大都亡佚，即使有保存下来的，也已经变成古玩，人们不知道它的名字，不明白它的用途，它所代表的礼仪就更无法存留了。

中国今天的衰亡固然有很多原因，失

▲ 西周　史鼎

高23.5厘米，口径18.4厘米。现藏台北故宫博物院。

腹部有六棱脊，口沿上有二立耳，圆柱形足；鼎腹纹饰作"兽形纹"，以侧身的两兽纹相对成组，而在主纹隙地，用"云雷纹"为衬地，使鼎腹满饰，显得精致美观；足部作垂蝉纹。在鼎腹内壁中央，铸有一个铭文"史"字。

▲ 商代　乳钉纹簋

高18.8厘米，口径26.7厘米，腹深14.4厘米，足径19.3厘米，足高4厘米。现藏台北故宫博物院。

直腹圈足稍外张的无耳簋。全器纹饰满装分成三层：颈饰圆涡纹与四瓣花纹相间，此层主体纹饰呈浅浮雕宽面，余为浅浮雕雷纹衬底，为主体纹饰与雷纹浮雕面等高的风格。

去礼仪也是其中的一个因素。现将古代的礼器略记于下，有心的人读了，或许能设法复兴古代礼仪，那也是救国的一种帮助。如果仅将它看作古玩，作考据之用，也并不是国人尊古重古的原意。只是古代礼器的种类非常多，一一加以描述是不可能的事，而且也没有什么现实意义，所以仅将最重要的礼器叙述如下。

鼎

鼎是煮东西用的器具。三足两耳，用金属铸成，大小不同，形式各异。天子的鼎用黄金装饰；诸侯的鼎用鎏金来装饰，容量为一斗；大夫用羊鼎，用铜装饰，容量为五斗；士用豕鼎，用铁装饰，容量为三斗。牛、羊、豕鼎，各用这种动物的头形铸在鼎足上。也有四足

▲ 大盂鼎铭文

▲ 西周　大盂鼎

通高102.1厘米，口径78.4厘米，腹深49厘米。现藏中国国家博物馆。

立耳、圆腹、三柱足、腹下略鼓，口沿下饰以饕餮纹带，三足上饰以兽面纹，并饰以扉棱，下加两道弦纹，使整个造型显得雄伟凝重，威仪万端，内壁有铭文291字。

鼎，但数量不多。

考证鼎的起始年代，史书中没有明确记录。见于记录的是黄帝铸的三座鼎，据《路史》记载："黄帝采首山之铜，铸三鼎于荆山之阳。"这是关于鼎的最早记录，此前的还没有听说过。而最有名的，是夏禹铸造的九鼎。史书记载，夏禹收集九州的金属，铸造了九鼎。禹铸九鼎是取法黄帝，用鼎作为传国宝器，所以得天下者称为"定鼎"，改朝换代的称为"鼎革"，有窥窃天下之意的称为"问鼎"，这些都是把鼎作为了天下的代名词。鼎的重要性到了这种地步，所以将鼎作为了祭祀的重要礼器。

此外，有将鼎作为饮食器皿的。其形体较小，表面刻有各种装饰性的花纹。古语有"鼎食之言"，就说明确实有以鼎为食器，而不是比喻用词。

也有用鼎作为表彰功绩的器物。如今天使用的银鼎、银杯、银盾之类的奖品，将受奖者的功绩刻在其上，就是所说的"鼎铭"。《左传》里记载有卫国孔悝的

鼎铭，就是此类。流传到今天的，以此类鼎为最多，其实际情况现在还可以看到。

还有将鼎作为烹饪器具的。张协《七命》中记载"伊尹爨鼎，庖子挥刀"。只用作烹煮的鼎一般形体大并且没有鼎足，其实就是今天的锅。古代没有"锅"这个名称，凡是四周高、中间凹且体形较大的铜器，或有足，或无足，或三足，或四足，这些统统被称为鼎，不是说必须三足两耳才称为鼎。

还有把鼎作为刑具的。就是将烹饪用的鼎注满水烧开，然后将犯人投进去，使他被烫而死。《史记》载有"臣请就鼎镬"，《晋书》上有"甘赴鼎镬而全操"，说的都是刑鼎。

▲ 大克鼎铭文（局部）

也有用鼎作为焚香的器具。古时没有香炉，所以焚香多用鼎。后来使用鼎的范围日益广泛，凡是烹煮的事情大都用鼎。有用它炼丹的，称为"丹鼎"；有用来煮药的，称为"药鼎"；有用来烹茶的，称为"茶鼎"。

秦、汉以后，人们的文化水平日益进步，使用的器具也日益精良。古鼎大都笨重，没有其他器物使用起来便利，以致使用它的人越来越少。除仿古外，几乎没有再行铸造的。所以现在存世的鼎，大多是秦、汉以前的器物，唐、宋所铸的鼎，大都是仿制的，虽然保留了古器的面目，终究算不上古玩中的名贵之物。

▲ 西周　大克鼎

　　高93.1厘米，口径75.6厘米。现藏上海博物馆。

　　此鼎造型宏伟古朴，鼎口之上竖立双耳，底部三足已开始向西周晚期的兽蹄形演化，显得沉稳坚实；纹饰是三组对称的变体夔纹和宽阔的窃曲纹，线条雄浑流畅；腹内壁有铭文290字。

彝

酒器，形状像尊，但形体比尊小，

用以裸者。裸音贯，祭祀时斟满郁鬯之酒浇到地上祭神的用具，所以也称之为"灌尊"。与尊主要不同的地方是，尊是用来盛酒的，而彝则是用来盛郁的，因这点不同而异名。《周礼》记载有六种彝，形制都相同，只是上面的装饰性花纹稍有区别，分别是鸡、鸟、黄、虎、蜼、斝等。

考查彝的起源，史书记载不详。如果按以彝的使用目的来说，一定是在祭祀仪式形成之后，且必然是在中国人发明酿酒技术之后出现的。按道理推算，彝的出现应该在五帝以后，夏、商、周三代以前。但现在保存下来的彝，最早的是商彝，而夏彝还没有见过，似乎这种器具应该在三代之时出现，岂知三代以前就已经有了。之所以不能见到的原因，估计是因为夏禹的私心太重，跟秦始皇、王莽摧毁文物的做法一样。三代

▲ 商代　史方彝
高27厘米。现藏日本白鹤美术馆。
四阿式盖，盖面略弧曲，器长方体深腹，圈足四面均设一缺口，盖、器四隅及每面中间均设棱脊；盖、器同铭"史"字。

以前的文物，完全被夏禹毁灭了，何止是一种彝呢？至于无法见到夏代的彝，是因为现在的人考据不准确。估定为商器的，未必不是夏器。

假如以酒的发明来证明彝出现的时间，《书》中说："禹恶旨酒"，则说明酒在夏、商、周三代之前就发明了。而祭祀必然用酒，用酒必须用器，因此可以断定彝在三代以前就有了。只是以前彝的式样不可考究了，但必定与其他祭器区别不大。所以，凡是钟、鼎等宗庙祭祀时常用的礼器，古时都称为彝器。到三代时礼器一定都有所改进，且有明显的区别。所以现在所见的商、周之彝，都没有

▲ 商代　方彝
高26.3厘米。现藏台北故宫博物院。
方彝附盖，子母盖、方口，盖有抓手，全器有棱脊；盖饰兽面纹，腹饰夔纹、兽面纹，足饰夔纹，均以雷纹为地。

立足，而是圈底足，都有两耳，体形圆，高度小于体径，与敦极相似，而与尊已经毫不相似了。

尊

尊现在写作"樽"，是盛酒器，其形制不同。《周礼》尊有六类，即牺尊、象尊、著尊、壶尊、大尊、山尊等。只不过壶尊就是壶，山尊就是罍。它们的形制虽然不相同，但都是用来盛酒的。《周礼》中说管理尊彝的人掌管六尊，说明当时设立官员专门掌管祭器，其重要性可想而知。灌酒为祭祀的必要仪式，因此尊、彝也是最重要的礼器，尊出现的时间必然与彝相同，只是现在保存下来的最古老的只有商、周时期的尊了。

罍

大的尊称为罍，形状和壶相似。天子用玉装饰罍，诸侯大夫都用黄金装饰罍，士用梓木装饰罍。虽然罍是根据主人身份的不同而有不同的装饰，但其装饰都是云雷状的纹饰。因此得名为罍。

卣

卣，是盛酒的器具。祭祀时用来盛郁鬯之酒，将酒注于灌尊，然后用灌尊将酒浇到地上祭神。

觯

觯，是一种酒器，用木头制作，也有用铜制作的，可以装三升酒。用象骨装饰的觯，称之为象觯；用兽角装饰的觯，称之为角觯。

敦

敦在此读"对"，不读本音，是用来盛放黍稷的器具。还指古时举行会盟时所用的礼器，敦用来盛食物，盘用来盛血。用珠玉装饰的敦，都是用木

▲ 西周　师遽方彝

通高16.4厘米，口纵7.6厘米，口横9.8厘米。现藏上海博物馆。

腹两侧有象鼻形上扬的耳，腹内有中壁，间隔成为两室，可放置两种不同的调料；腹饰双目蜕化、结构疏散的变形兽面纹，口沿下及圈足饰变形兽体纹；器、盖有铭文66字。

▲ 西周　父辛卣

宽20.9厘米，高28厘米。现藏台北故宫博物院。

圆卣，钮盖、子母口、缩颈、鼓腹、圈足，颈侧出双耳，耳内穿提梁，钮呈花苞状。盖、颈饰夔纹，颈中央有小兽首，均以雷纹为地，足饰弦纹，提梁饰绚纹；盖内有铭。

▲ **商代 亚址觯**

通高19厘米，宽7.1厘米。现藏中国社会科学院考古研究所。

有盖，器口、腹呈椭圆形，鼓腹，高圈足；盖顶有菌形柱头，钮面饰圆形火纹，盖面为两组兽面纹；盖内及器底有铭文。

头制作，也有用铜铸造的。其形状与彝相近，阔口，圈足，两耳。也有在圈足之下再加三立足的，也有有盖的，形式不一。现在保存下来的敦大多是用铜铸造的。

豆

豆用木头制作，刻镂并髹以漆，贵重的豆有的还用玉石装饰，主要用来盛放醢酱湆等物，后来只在祭祀时使用。古代用木头制作的豆今已失传，其形状像今天的高足碗，有盖、有圈足。《尔雅》记载："木豆谓之豆，然明堂位有楬豆、玉豆、献豆。"《考工记》里有"旊人瓦豆"，则知豆的制作并不专用木。《博古图》记载有铜豆等四种礼器，以证明古代的人在制作彝器时也用铜。但是礼家多认为只是用泥土和木头制豆，这是他们的所见所闻不多而导致的。

爵

爵是饮酒的器具，下有三足，上有两

▲ **战国 环耳敦**

口径15.6厘米，宽22.8厘米，高6.6厘米。现藏台北故宫博物院。

附盖，盖、腹呈球体，环耳、三足；盖有环耳，可倒置另为容器，足亦为环耳。

▲ 春秋　蟠虺纹豆

高21.2厘米。现藏台北故宫博物院。

附钮盖、圈足钮、子母口、双环耳、圆腹、高圈足；钮、盖面、腹与圈足皆饰蟠虺纹，腹中央有凸弦纹一道。

▲ 西周　勾连雷纹双流爵

通高24.3厘米，通长21.1厘米。现藏日本白鹤美术馆。

束颈、圆腹、双流无尾、菌柱旁生、三锥足、兽头形盖，中部有半环钮，颈饰雷纹，腹饰勾连雷纹；盖和柱侧铸"口佳壶"三字。

柱，取饮之不尽的意思，告诫人们不要贪饮。有流有鋬，铭文多刻在鋬的里面。《博古录》中说："爵之字，通于雀，前若噣，后若尾，两柱为耳，足修而锐，若戈然。"

斝

斝属于爵类，用玉做成，但也有用铜铸的，是用来作献酬的酒具。夏朝时称之为玬，商朝时称之为斝，周朝时称之为爵，都是酒器。其形态略有不同，古老斝的形态像尊彝，有两个方耳，其耳与口齐平，腹部刻有禾稼图形作为装饰。稼、斝叶声，而两耳象形。现在所流传下来的古铜斝，斝口的两沿都有两柱，与爵相似。斝从二口，是以此酒器戒喧哗的意思。

玬

如果爵是用玉石制成的话，就被称为"玬"，其形态完全与爵相同，器身上刻有各种各样的花纹用来装饰。

匜

匜音移，是古代盥洗时浇水的用具，

▲ 春秋　公父宅匜

长31厘米，宽14.3厘米，高20.3厘米。现藏台北故宫博物院。

呈瓢形，流部微扬、兽首鋬、四足；流饰雷纹，腹饰瓦纹，足饰几何纹，内底有铭四行。

▲ **商代　过父丁斝**

高32.7厘米。现藏台北故宫博物院。

侈口、直颈、鼓腹，口沿上有一对立柱，一足侧出兽首鋬；立柱饰兽面纹，颈、腹、足饰弦纹，鋬阴有铭三字。

器内注水。从前的画图中匜的形状像熨斗一样。《说文》又说其柄中空，可以注水，与现在所流传下来的器物有所不同，今所见匜的形态像鸭子，有流有鋬，有四足，有盖。也有没盖的匜，可能是把盖遗失了。

觥

觥是一种酒器。原来写作觵，古时用兕角制成，所以也叫兕觥。后来有的用木头制作，有的用铜制作，容量多达七升，所以人们也称大的酒器为觥。

觥的形状大致像靴子，大概是最初依照兕角的原样而制成。《博古图》的牺首杯就是觥，有鼻，用绳子穿过。《诗》云："兕觥其觩。"觩，弯曲的样子。这种酒器向一边弯曲，只可以用手拿着饮酒，放在桌上就歪倒了，正好与觩的含义相符。《诗》又云："我马元黄，我姑酌

彼兕觥。"可以看出，当年骑在马上也可持觥饮酒，所以可用绳子拴在其上随身携带。现在见到的觥，虽然没有绳子，但其鼻端的穿孔还在。

盉

盉音读禾，是调味用的器具。其形状像鼎但有盖子，有嘴，有把手。商朝有阜父丁盉、执戈父癸盉，周朝有单从盉、嘉仲盉、龙首盉、云雷盉、三螭盉、蛟螭盉、麟盉、螭盉、虹粟纹盉、细纹熊足

▲ **商代　妇好盉**

通高38.3厘米，流长9.5厘米。现藏中国社会科学院考古研究所。

弧形顶、斜流、小口宽沿、束颈，下体如鬲，顶面饰兽面纹，方形眼刀眉小耳，以器口作兽面之口。

▲ 西周　父辛觥

高18.8厘米。现藏台北故宫博物院。

全器做方形，四角稍方，流口、束颈、垂腹、圈足、弯把，把作兽首形。颈部与圈足饰顾首夔纹，以雷纹为地。

盉，汉朝有凤盉、螭首虬纹盉，共十四种盉，按其款式有的称彝，有的称尊，有的称卣，但都取调和五味之意，在这一点上是一致的。

鬲

鬲音读历，属于鼎类。《尔雅》记载："鼎之款足者谓之鬲。"《索隐》中说："款，空也，款足者，足之相去疏阔者也，并非足之中空不实也。"古时烹饪丰盛的菜肴用鼎，平常烹饪菜肴用鬲。《博古图》中说："鬲之用与鼎同，惟祀天地鬼神、礼宾客必以鼎，常饪则以鬲"。其内部从腹部到足部都是空的，并且相通，用来盛放食物，食物非常容易烧熟，所以平常烹饪都要用它。又从《周礼》中考证得知，鬲是被陶人专门掌管，与鼎的用途相同，却不是光用陶土制作。《汉书·郊祀志》："禹收九牧之金铸鼎，其空足曰鬲。"由此可见也有用铜制作的。

甗

甗音读眼，瓦制的蒸煮器具。甗是由上下两个器物合成的器具，上部像甑，可以蒸食物；下部像鬲，可以煮食物。其形态有的是三足圆形，有的是四足方形。据《考工》记载，甗最初是用陶土制成，商、周和两汉时都用铜制成。其外表有垂花、雷纹、盘云、偃耳、饕餮、纯素等等不同的纹饰。又考证得出，如果甗无底的话为甑。宋朝的人认为甗字从献从瓦，称其为"鬲甗"，说"鬲其气，甑能受焉"。因为甑是无底的，所以说的是器具的上部；鬲献气，所以说是器物的下部。但是甑的底部有箅，用铜片做成，用来将

▲ 春秋　兽目交连纹甗

通高38.9厘米，口长26厘米，口宽21.7厘米。现藏中国国家博物馆。

甗体分为两部分，上部为甑，下部为鬲；甗体呈长方斗形，侈口立耳，腹壁斜收；甑腹饰有兽目交连纹，鬲表无纹。

方壶、圆壶、扁壶、温壶，并规定卿大夫使用方壶，取方正的含义；士用圆壶，取顺命为宜的含义。

觚

觚音读孤，是一种酒器。《考工记》记载："梓人为饮器，爵一升，觚三升，献以爵而酬一觚。"从前的绘图中觚是八角形，与今天所见传世物的式样不同。《急就篇》颜注："觚形或六面或八面。"《流砂坠简》中说："今所见之觚

▲ 西周　姬妘鬲
宽13厘米，高10.8厘米。现藏台北故宫博物院。
侈口、缩颈、分裆、柱足，附玉顶木盖、木座，座饰以荷叶，口沿有铭五字，座有铭似四字。

器具上下隔开。算上有若干十字穿孔，使甗内之物不致于掉下，而鬲中的水汽又可上达甑内。算中有钮可以开闭，就是《考古图》中的疏底算。

盘

盛物器具，瓦、木、铜、锡制的盘都有，如用热水淋浴用的盘。盘上一般有铭文，《吕氏春秋》记载："功名著于盘盂"，就指这个。

壶

壶是一种酒器。《左传》记载："樽以鲁壶。"又把盛放酒水的器具，腹方口圆的称为壶，腹圆口方则称为方壶，这是《公羊传》注释中的话。但是汉朝的壶则不同，腹部是方形的话口底都是方形，腹部是圆形的话口底都是圆形，这些都被称为壶，没有方壶与圆壶的区别。

据考证，夏商之时就已经有壶了，但那时将其不称为壶，而叫尊彝。周朝的时候开始用壶这个名字，共四种形式，称为

▲ 西汉　甄氏壶
高45厘米，口径14.2厘米。现藏河北省文物研究所。
壶口微敞，束颈，鼓腹，高圈足；有盖，盖上饰三云形钮。腹部有一对铺首衔环；肩、腹部及圈足下段饰鎏银宽带纹，盖缘、壶口及圈足上部饰鎏金宽带纹；盖钮、铺首衔环均鎏金；盖面及壶身饰鎏金斜方格纹，其交叉点上镶嵌银乳钉，方格内填嵌绿琉璃。

▲ **商代 兽面纹觚**

　　高32.2厘米，口径17.1厘米，腹深23.6厘米。现藏台北故宫博物院。

　　腔饰蕉叶纹及蚕纹；腹饰兽面纹；足饰俯首夔纹，皆为复层花纹，为罗越的第五种风格；腹、足皆有棱脊；高圈足、口缘极外张。

和高粱的器具。古文本作簠，用木制成，也有用铜来制作的。早期的儒家人士认为簠有方、圆的区别。毛亨、郑玄都说簠是圆形的，簋是方形的，而《说文》则说簠是方形的，簋是圆形的。《释文》以及《太平御览》所引"旧礼图"则认为内方

乃三面"。徐阶《系传》引用《字书》中的文字，也是以三棱为觚，这就是觚本是三棱说法的由来。所以酒器的觚，也为三棱，其后由三棱演变为六棱、八棱，逐渐失去最初的意义，与古代的觚不同了。

角

　　角是一种酒器，容量四升。《礼器》云："卑者举角。"从前绘图中的角的形状像现在有把的杯子，有装饰性花纹的叫角，无装饰性花纹的叫散。按字义来说，"角，触也，不能自适，触罪过也，故形制两端如角锐，不似爵之有流也。"

簠

　　簠音读甫，古代祭祀时用来盛放稻谷

▲ **商代 宰椃角**

　　通高22.5厘米。现藏日本泉屋博物馆。

　　凹弧形口，前后均做尖尾状，圆卵形腹，口下一周三角形纹，腹饰兽面纹，器内有铭文五行。

▲ **春秋 曾子簠**

　　高25厘米。现藏台北故宫博物院。

　　附盖方簠，动物形钮、方口、折壁、圈足、口沿有小兽首，足侧镂空为几字型；盖以镂空饰几何纹、八卦，腹饰蟠虺纹；器底有铭四行。

外圆的叫簋，内圆外方的叫簠。簠是古代彝器的一种，属于簠簋类，古书中簠的图谱者很多，形制不尽相同。大致上簠多是圆形，但也有方形的；簋多是方形，但也有圆形的。二者并没有内外形状的差别。

簠

簠音读暑，古代祭祀时用来盛放黄米和谷子的器具。用木头制成，其形状为圆形。也有用竹子制成的簠，其形为方形，《仪礼》所说的"竹簠方，盛枣栗之属者也。"就是指竹簠。还有用铜制的簠，其形状有的是方形，有的是圆形，是古代盛放美食的器具，也就是所说的二簠、四簠、八簠。流传到今天的古簠，圆形的数量多，上面的字写作"瑚"或"瑚"，也写作"朹"，都是古文，没有写作"簠"的。由此知道古代以簠作为竹簠的专名，是从小篆流行而古文字废止时，才开始借用竹簠的"簠"字为簠簋之名。

▲ 西周　龙纹方座簋
高23.9厘米。现藏台北故宫博物院。
双耳圆腹，在圈足下加一方座，成双重器足；器腹及方座腹部饰以几何式的直纹，颈饰一首双身的龙纹，圈足装饰鸟纹，尾部拉长，作S形的装饰化，方座顶面四个角落，各装饰有似四瓣花的兽面纹，方座四壁围以几何化的夔纹。

▲ 西周　父乙辰臣爵
高22.3厘米。现藏台北故宫博物院。
直筒腹、底圆凸、三棱形足、二菌状柱、兽首鋬，腹饰云雷纹，鋬内有铭四字。

同

酒器，是爵的一种。只是同作为一种礼器，只可从《周书·顾命》中见到："上宗奉同瑁。"《传》中说："同，爵名。"《周书》中又说："乃受同瑁，王三宿、三祭、三咤。"《传》中又说："受同以祭，礼成于三王、三进爵、三祭酒、三奠爵。"《正礼》中说："三祭各用一同，非一器而三反也。"

洗

古代的盥洗之器。其形态大小不尽相同，有的很深，好像小口大肚的瓶子；有的很浅，像钵盂一样。周代的洗有足，上面画有龟和鱼的形象。汉代的洗上刻有铭文和标识，上面的装饰性花纹多以雕刻的鱼为主，文字多为"大吉羊"。

镳斗

镳音焦。《金石契》里说："颜师古《急就篇》注：'镳斗，温器也，似铫而无缘。'王应麟曰：'镳斗即刁斗也，温器，三足而有柄。'"赵希古《洞天清录》中说："刁斗无足，镳斗有足。"估计镳斗和刁斗原是一种东西，也是一个名字。

镤

▲ 汉　四瓣花纹洗

高17.4厘米。现藏台北故宫博物院。

侈口、圆深腹、平底。腹饰弦纹及一对小兽首，内底饰柿蒂纹。

▲ 六朝　凤首镳斗

高29.5厘米。现藏台北故宫博物院。

器身呈斗形，口部外敞，平底下接外撇三蹄足，蹄足之关节、蹄爪形象清晰；口缘一侧有流，器身置一s形把，把首为凤首形。

镤是一种炊具，形状像釜，但口部收敛，口上可以放甑来烧熟食物。器身上有两个像野兽的提耳且相互连着。周镤容量为五斗八升，口径六寸六分。汉镤容量为一斗四升八合，口径五寸。《说文》中说镤为"大口者"，而釜已是大口之器，镤口如何再大口呢？

镫

镫是古代盛放熟食的器具，并不是现在所说的照明镫（灯）。镫从前与登字通用，就是瓦豆。《说文》将之称为锭，《陶斋吉古录》里记载有汉镫数件。按《广韵》所说，"有足曰锭，无足曰镫。"但《礼记·执镫》注云："豆下跗也"，据此可以知道镫也是有足的。其形状为：上面环绕可以通气的管，中间放置蒸饪的器具，下面是水和燃火之物。自尧、舜、禹三代以来到秦朝，镫器没有斤

▲ 六朝　鎏金弦纹豆

高17.6厘米。现藏台北故宫博物院。

盖与腹呈圆球体、子母口、兽首衔环耳、高圈足，盖附圆捉手。全器鎏金，腹饰弦纹、小兽面，足饰弦纹。

▲ 西汉　上林鉴
　　高44厘米，口径63厘米。现藏西安市文物保护考古所。
　　宽折沿，腹略鼓，环形附耳；器底铸一鸟纹，腹饰一周宽凸箍带，上有弦纹，腹壁刻铭29字。

两的记载。王氏铜虹烛锭有铭文十八个字，显示器物的斤两，名为"虹烛"，是取其气运如虹的含义。

鉴

就是现在的镜。古代的人以水为镜鉴，鉴就是盛水为镜的器具。远古时期以陶土制鉴，到了尧、舜、禹三代时期，均改用金属制作，多数鉴是用铜制成的。

古代礼器的伪制

古代的礼器有很多种类，质料也不尽相同，最普通的有铜、玉、竹、木、角质等数种。只是竹、木、角等质的礼器不能耐久，所以不能传至久远。并非只是今天看不到这些质料的实物，即使是三代时用这些材料制作的礼器，到秦汉时已不可见到。现在所留传下来的古代礼器，只有铜、玉两类。而玉质之器，古代时就已经很少，现在更是很难找到。

总之，现在所流传下来的礼器都是铜制的，其他材料制作的礼器已名存实亡，即使有也很少，等于没有。因此，伪制古代礼器的人都以伪制古代铜制礼器为主，绝没有伪制竹、木、角质礼器的。所以说伪制礼器，就是伪制铜器。关于伪制铜器已在前文中有详细描述，自己参阅就可以明白了。只是还有一些没谈到的，这里再略对其进行补充：

（一）新造伪器，以充旧器法

近百年来，河北、山东、河南、山西、陕西、江苏等地，多有以伪制鼎、彝、壶、瓿、尊、瓶及其他古代铜器为业的人。其伪造的手续也极其繁琐、复杂。首先，必须收买古代的破碎铜器，将其熔化于新铜中。旧铜与新铜的比例为1∶2，就是将一斤

▲ 商代　史尊（疑伪）
　　高19.5厘米。现藏台北故宫博物院。
　　圆尊，侈口，鼓腹，圈足，颈有兽首；颈饰三角纹内填兽纹，颈饰夔纹，中央有小兽首，腹饰兽面纹，足饰夔纹，内底有铭。

古铜兑入到二斤新铜之中，然后照着古铜器来铸造。其样式完全模仿古铜器，分寸不差；其花纹、款识都是以古铜器为模，翻砂制作而成，与古铜器不差丝毫。

仿制的铜器铸成之后，用刀修饰其多

余的地方，或添补纹理缺损的地方，再仔细琢磨光净，使其与古铜器完全相同。接着用井花水调泥矾浸泡它，泡10天左右后取出，用炭火烘烤，使其发热，然后按相同的方法浸烘三次，这叫做"作脚色"。等器具干了后，再用硇砂、胆矾、寒水石、硼砂、金丝矾等粉末，加青盐水调成液状物，然后用笔蘸上液体在铜器上刷

一两天，洗去晾干，再刷上，这样反复共进行四五次，直到其颜色与古铜器相似时为止。再在地上挖一个坑，用炭火把坑烧红，将浓醋把全坑都遍泼，然后把所铸铜器放在坑内，用醋糟覆盖，并加土埋严。埋三五天后将其取出，器身上就会生出各色古斑，与古铜器完全没有差别。如想让它的颜色深些，就用竹叶烧出的烟来熏

▲ 明末清初　窃曲纹簋

　　高6.7厘米，口径9.6厘米。现藏台北故宫博物院。
　　座面刻"乾隆御鉴"双行篆款填金；底刻"周环纹敦"双直行"一 丁"双横行楷款填金；图册定此器为盛黍稷的"敦"；此器作簋形，饰以窃曲纹，现定年为明至清。

它，其色很快就深了。

伪制者点缀颜色的方法有寒、煴两种，都使用明乳香，用口咀嚼明乳香将其涩味去掉，然后将其配入白蜡中，再将颜料掺入这种明乳香与白蜡的混合物中。如想得到青色，就用石青颜料；如想得到绿色，就用四支绿颜料；如想得到红色，就用朱砂。将颜料掺匀后再涂在铜器上，就制成了各种古铜器的原色。煴法就是多用白蜡，寒法则乳香与白蜡各占一半。如果想得到凸起的颜色，就用硇锈针砂堆叠在铜器表面；如果想得到水银色，就用水银砂锡涂抹在器表。像这样制造出来的铜器，其尺寸、式样、花纹、款识、锈色与古铜器完全相同，即使是爱好古玩的人，也非常难以辨别出其真伪。

（二）冷冲法

遇到夏、商、周三代及秦、汉时的古铜器，有的脱落一足，有的掉了一耳，有的出土时被锋利的器具误伤，还有的是被其他方法损坏，有的甚至缺少了一部分，在这种情况下就用铅补冷焊，并用法蜡填

▲ 澡豆罐
　　高6.2厘米，腹径7.4厘米。现藏台北故宫博物院。
　　附铜胆、木座，座面刻"乾隆御鉴"十字排列篆款填金；底刻"壬 汉澡豆罐"二横行楷款填金；图册引陶弘景《十赉文》推测此罐为盥漱之器；器作球形，二小圈耳，腹饰弦纹，年代不明。

▲ **清代　初史尊**

高11.1厘米，口径9.9厘米。现藏台北故宫博物院。

附木座，座面刻"乾隆御鉴"双行篆款填金；底刻"周史尊　甲"双横行楷款填金；图册引《周礼》、《左传》强调其铭文"史"之重要性；器作尊形，器表错金银动物面纹，纹样结构及器形与商周者类而不同，应是后世仿古之作，现定年为明至清。

饰，再按照前述方法点缀铜器的颜色，然后在其上涂抹山黄泥，使它成为新出土的模样，这就是冷冲法。

（三）屑凑法

如果遇到不完整的古铜器，就将其能用的部分，如耳、足、錾、腹等取下来，利用其相似的地方，将它们凑合成一个器物。如《燕闲清赏笺》里记载了一个子父鼎，其花纹制式非常精妙，猛一看，没人不认为它是古器；仔细看，却发现是一个屑凑之物。它是用古壶的盖子作器腹，再用古墓出土的破铜器拼凑，焊上飞龙脚，用旧鼎耳做该鼎的耳，合成该鼎。还有一

个方亚虎父鼎，内外的水银色没有一点损伤，纹片外观极其完美。再三审视，发现乃是用古代残损的水银方镜，打碎后截为方片，再四面冷焊，拼凑成一个器物。

（四）添镌款识

古代的礼器上多有款识。款是用来记录其制作的年月及名字；识是用来记录其功德。但民间铸造的很多没有功德可记，因此古代祭器也有很多没有款识的。只不过金石文物以文字为关键，有文字的文物珍贵，文字越多越贵重，而无文字的金石器具便不那么值钱了。伪制礼器的人许多将没有款识的古铜器按

▲ 西周　班簋

高27.7厘米，口径26厘米。1972年北京市文物管理处拣选修复，现藏首都博物馆。

四耳饰兽首，下垂长珥作为支柱，其后又另有小珥。口沿下饰圆涡纹，夹有两道弦纹，腹饰阳线构成的兽面纹。低圈足，无纹饰，内底有铭197字。

照适合的文字加以仿刻，修整刻痕，并用药物加以掩饰，然后在刻字的地方作上假锈。现在流传下来有文字的古祭器，其款识十分之九是伪刻的。

（五）补添镶嵌

夏、商两代著名的铜器多用金、银丝仔细镶嵌，各种纹饰片块用玉与碧瑱剜嵌。秦、汉之时的铜器上镶嵌的东西尤其多，甚至有镶嵌各种贵重珠宝的，极为美观，极为名贵。但金银花纹历经时间长了，常常容易脱落，金银片也常被无知者凿取，镶嵌的各种珠玉也有脱落或被凿掉的情况。所以古代完整的祭器非常不容易得到，其价值也就极高。伪制者遇到金银丝脱落的铜器后，再按照原纹饰嵌入金银片，脱落之处再用金银和水银法药涂抹。因金银的颜色古今相同，不分新旧，所以无所谓真伪。

不过，珠玉碧瑱的碾法、土锈新旧有别，好像不容易假冒。伪制的人就搜索古墓中遗弃的环、珮、充耳、珥、瑱、珈、珌等物，或者是其他出土的珠宝玉器，酌量补作镶嵌之物。也有的将原来没有镶嵌物的铜器，按照古器的纹饰增添镶嵌物。因此，秦汉之前的镶嵌祭器至今还没有发现完整无缺的，十件中有九件都是补嵌或添嵌的，最低限度也一定有部分是后来添补的。

古代礼器的鉴别

古代礼器能保存到现在的只有用铜制作的礼器，所以礼器的鉴别就等于是对铜器的鉴别。而鉴别铜器的方法也在上文中有详细论述，似乎没有必要再做多余的叙述。不过，前面还有没讲到的东西，在这里略加以补充。

鉴别礼器的方法，首先，一定要确定礼器的名字，原因是对器物真伪优劣的鉴别无论多么准确，但如果把名称搞错了，就必然会遭到行家们的讥笑。其他方面的辨证即使是对的，也不会受到人们的称赞和认可。所以，鉴别古代礼器以弄清名字最为重要。确定其名字的方法，就要熟悉各种器物的式样，但只要能看熟，一见真物就能认识。

再则，还要鉴定出古代礼器制作的年代。按照分辨年代的方法，要从器物的形态、文字、花纹、做工等方面入手，具体方法在这里作如下描述。

在古代，礼仪制度经常改革，所以各代的礼器也不尽相同。即使名称没有变，但式样可能出现变化，如周朝以前的鼎，都是三只足的圆鼎，因此史书上有鼎立、鼎足、鼎峙、鼎辅等说法，这都是指三足鼎而言。到了周朝才开始有

▲ 班簋铭文

▲ **商代 兽面纹鬲**
通高18.2厘米。现藏瑞典国立艺术博物馆。
敛口，折沿，口上一对立耳，弧腹，分裆，袋足，腹面饰兽面纹。

四足方鼎，因此现在所见到的四足方鼎，一定不是夏、商时的礼器。因此，必须熟悉各朝代礼器的式样，才有鉴别年代的可能。

夏、商、周三代及秦汉时期，是中国文字变化最频繁的时期，因此可以由礼器上的文字来断定它的年代。如刀刻字体是夏、商、周三代以前的文字，礼器上如果有刀刻字体的，就能够断定是三代以前的器物。夏禹毁灭先王，改用漆书、鸟迹、篆文。商朝则纯用古文。自周朝以后，开

始出现大篆，其文字是古文与大篆并用。周宣王以后，才开始完全改用大篆，而不再使用古文。到战国时，开始有小篆。东周末年，是大小篆兼用时期。秦始皇时，开始完全改用小篆，而不再使用大篆。秦末开始有隶书，但秦朝的隶书是二分像隶书，八分像篆字。汉朝初年，隶书才八分像隶书，二分像篆字，到汉朝中期才完全改为隶书。汉武帝以后，所有的文字绝对没有留下篆字的痕迹。古代铸造铜器，都使用当时的通用文字，绝不像后来的人

▲ **夏代　乳钉纹爵**

　　高22.5厘米，流尾长31.5厘米。现藏河南省偃师商城博物馆。

　　尖长流，窄长尾，流口处有一对钉帽形矮柱；束腰，平底，下附三个细长的三棱锥状足，足向外撇；腹部中间排列有五个乳钉装饰。

故意仿古，导致文字字体与时代不符。因此，从文字的字体上，就可以确定器物的时代。

　　人们技艺精巧的程度，工具的先进与落后，各个时代也不相同。因此古代制作的礼器，其花纹、做工各代也不相同。三代以前的礼器，大多没有花纹。即使有花纹，也只有饕餮纹，绝对没有其他纹饰。饕餮纹创制于黄帝时期，因黄帝斩蚩尤，割掉蚩尤的头悬挂在营门上，称为饕餮兽头，因此当时的铜器上很多铸有饕餮纹，以其警告贪婪暴虐的人。

　　从夏禹以后，才有蝉雷、蟠螭等纹，而且花纹和以前相比要深，做工也更精细，器物上的铭文都是阴文，无论哪种铜器都没有阳文。铜器上刻的铭文，只有夏初文字的边沿不平整，且字的笔画宽而且浅，器身上也没有通身花纹，铭文以一二字占多数。商朝初期的铜器，器物上的铭文字口平整，笔画较窄而且刻得较深，字体精美而且字行平正，与夏朝铜器上的铭文完全不同。夏初铜器上的铭文，其字像是在泥上压印的，字边沿的铜已破裂凸出，字的边沿粗糙，字纹宽而且浅，字体都很大。到夏代末期，字的边沿已平，笔画已窄，只是花纹仍只有腰花，还没有通体花纹的器物。大约在商朝初期，开始出现粗花压细花、通身都有花纹的器物。

　　夏、商、周三代铜器上的花纹，以商

▲ **商代夆亚簋**

高11.7厘米，口径16.9厘米。现藏上海博物馆。

侈口，束颈，鼓腹，圈足；绿锈非常漂亮；腹饰乳钉雷纹，圈足上饰一周兽体目纹，器底有铭文。

代的最为精美，整齐且有规律，繁简非常适宜。从周初开始，铜器上的花纹都是粗花压细花，一切花纹做工都与《考工记》中所记载的完全相同。直到周宣王以后，花纹变浅，做工也显得粗糙。总之，三代的铜器，花纹极细，做工极精，花纹都是内宽外窄，剔透玲珑，就像是先将铜胎铸成，然后在铜胎上镂刻花纹，丝毫没有长短不齐、宽窄不一的现象。到了秦汉时期，铜器上的花纹越来越浅，做工也越粗糙，丝毫没有三代铜器遗传下来的意韵。明白了这一点，那么各个时代的铜器一见就可以分辨出其年代。如果再用文字、样式来参证，那么就百无一失了。

锈色是古代礼器的特点，也是鉴别礼器方面最关键的。古人鉴别铜器，完全以锈色为主，甚至连真伪优劣的区别、年代远近的考证也都把锈色作为凭据，他们哪里知道这种鉴别方法是最不可靠的。即使是按古人辨别铜器的方法，他们对锈色的判断也是众说纷纭。如曹明仲《格古要论》中说："铜器入土千年者，色纯青如翠；入水千年者，则色绿如瓜皮。皆莹润如玉。未及千年者，虽有青绿，而不莹润。"而明人高濂《燕闲清赏笺》中说："三代之物，传至今日何止千年，岂尽莹润而青绿皆纯也。盖铜质清莹不杂者多发青，质之浑杂者多发绿。譬之白金，成色足者做器纯白，久乃发黑；不足色者久则发红、发绿"等语，这些固然是正确合理的说法。可张茂《实清秘藏》竟说"入土纯青者，系土气蒸郁而成青；入水纯绿者，系水气卤浸润而成绿。"并说古人制作礼器不惜代价，没有铜质不纯的。高濂的说法，像是盲人看戏，可以原谅；张茂的说法，则可以说是糊涂到家了，还大言不惭地说世人和古人都缺乏知识。论述古玩的人常有此类的失误，岂只张茂一人。

古代的铜制礼器，并非都是帝王铸造的，也有很多平民铸造礼器，但平民所铸造的礼器怎能与帝王铸造的礼器一样精美。并且古人不知道炼铜的方法，多用原铜来铸造礼器，原铜的品质好所铸的礼器就精致，原铜的品质劣所铸的礼器就粗糙。即使到了明代还采用这种方法，宣德皇帝铸炉的动机，是由暹罗国进贡的风磨铜而引发的。因为暹罗风磨铜含有百分之七以上的金，因此所铸造的器物蜚声

▲ 明代 绳耳壶
高9.7厘米，宽7.9厘米。现藏台北故宫博物院。侈口、双耳、鼓腹、平底、有足，附木座。耳饰绹纹，足饰云纹，座饰镂空几何纹。

中外。如果是现在，将铜内掺入百分之七的黄金就可得到这样的铜，何必一定要风磨铜，这说明明朝时还不知炼铜的方法。而提炼纯铜直到在科学发达的今天才能做到，古时候的原铜所含的杂物一定不同，其品质的好坏也自然不同，张茂竟然说铜的品质不分好坏，真是糊涂之极！

因此，古人从铜的锈色得出的结论多不可靠，不能作为鉴别的依据。铜的品质不同，入土的先后不同，入土的深浅不同，入土的土质不同，入土土质的的干湿不同，入土土质的水分中所含的矿物质不同，入土时间的长短不同，出土后的时间长短不同，出土后的环境不同……原因很多，如不作具体分析就说某时代所造之器，其锈色必是某种情形，有这种道理吗？

古代流传下来的礼器，一直都是以褐色为上品。因为褐色为传世之器，是不埋入水土中的，而且不是流传三千年以上的礼器，就不会产生此种颜色。近世常见有一种褐色礼器，器上有青绿点子，这是后人用咸酸之类的东西浸泡的缘故。如果褐色礼器上有云头片、芝麻点、朱砂斑以及绿翠雨雪点的，就是原物。其次，就以水银、黑漆、古斑点的为贵重，青绿色斑的又稍差一点。但如果得到纯青绿的，且没有一点杂色，晶莹得好像用水磨过，其光彩刺眼的，其价值又在褐色之上。因此，明朝宣德年间的铜器喜欢仿照褐色，宣德年间的铜器也是以褐色最为贵重。

夏、商、周三代的礼器，鼎、彝占了多数，而且形体大的可以容纳数升或数斗。虽然世上有"商质周文"的说法，但

▲ 西汉　错金银铭文壶

　　高40厘米，腹颈28厘米，圈足径18.2厘米。现藏河北省博物馆。

　　鼓腹，饰双铺首衔环，高圈足；口、肩、腹部微凸宽带纹将壶身为三段，盖沿、口沿及圈足为素面；在肩、腹部宽带纹上错出龙虎斗图案；盖中心错一蟠龙三形钮间错回旋状排列；有铭文。

▲ 西周　毛公鼎

　　通高53.8厘米，腹深27.2厘米，口径47厘米。现藏台北故宫博物院。

　　直耳，半球腹，矮短的兽蹄形足，口沿饰环带状的重环纹。铭文32行499字，乃现存最长的铭文：完整的册命。

▲ 商代　司母戊鼎

　　高133厘米，口长110厘米，口宽79厘米。1939年3月出土于河南安阳侯家庄武官村，现藏中国国家博物馆。

　　鼎身呈长方形，口沿很厚，轮廓方直，显现出不可动摇的气势。司母戊鼎立耳、方腹、四足中空，除鼎身四面中央是无纹饰的长方形素面外，其余各处皆有纹饰。鼎身四面在方形素面周围以饕餮作为主要纹饰，四面交接处，则饰以扉棱，扉棱之上为牛首，下为饕餮。鼎耳外廓有两只猛虎，虎口相对，中含人头。耳侧以鱼纹为饰。四只鼎足的纹饰也匠心独具，在三道弦纹之上各施以兽面。其造型、纹饰、工艺均达到极高的水平；是商代青铜文化顶峰时期的代表作。

　　是质地好的礼器未必就没有精美的纹饰，有精美纹饰的礼器未必不是质地好的，所以，礼器的好坏不可以单从纹饰或质地的好坏来评价礼器的好坏。

　　古代礼器中有镶嵌物的，传到现在，其全部的镶嵌物没有一处完整，不是剥落掉了就是被青绿锈块掩盖住了。有镶嵌物露出来的，就一定还有被铜锈隐藏起来的，其巧妙古雅，出自天然。补添的镶嵌物一定是完全而齐整，镶嵌的物品与铜锈决不会呈混融凝结一片的状况。仔细审视它，器物的真相就可以知道了。

　　鉴别真伪的方法，按鉴别铜器的方法就可掌握。总之，无论何种伪制的铜器，用加了碱的开水刷它，真伪马上就可分辨出来，此法百试不爽，是鉴别铜器的最可靠方法。

铜兵器

兵器的种类

古代的铜器，因各朝制度的不同，名称上也所差异，而且都没有专门的书籍记录。如今我们所知道的古代铜器名称，或凭借书籍中的零散记载，或依据对出土旧器的考证，或是见于前人的图说。因此，一件物品对应有多个名字，一个名字对应有多种物品。时代如果不相同，则式样、尺寸自然就不相同。所以，对古代铜器名称的解释是相当困难的。如果非要考证确

▲ 战国　巾斧
高11.3厘米。现藏台北故宫博物院。
斧，单面平口刃；器外壁有铭一字。

切，在今天来说是不可能完成的事情，仅能就最普遍的解释简单加以叙述。

古代使用的器具用金属制成的有农器、兵器、礼器、乐器、杂器五大类。其中农器多是铁制，因此我们在这里就不加以说明了；其余四项全部用铜制造，现按其种类分别叙述。

兵器是战争所用的器物。

匕首

匕，是一种食器，柄部弯曲斗部较浅，就像今天的羹匙或勺类。匕首是最短的剑，因其首像匕，所以称为匕首。匕首长一尺八寸，形状和剑相似，尖锐锋利，两面有刃。

剑

如今还有人用剑，所以剑是被人们所习练熟知的。不过剑的各部分名称，如今已经很少有人知道了。自剑脊到剑刃叫做腊或锷，剑刃以下与柄分隔者叫做首，把握之处叫做茎，茎端的饰环叫伏镡。

刀

一面有刃的兵器。无刃的一面称为背，呈平形。刀可以用来切割东西。

刘

刀类的一种。一面有刃，但背不平，主要用于刺杀。其实刘与刀并没有太大区别，所以现在的人只称刀，而刘字已不被人用作刀的意思了。

斧

与现在用的斧子大致相同，斧刃和斧柄成一条直线。

戚

斧的一种，戚刃与戚柄垂直，像丁字形。如今有的木工还使用戚。

戊

钺的本字，也属于斧类。斧与戚都是一面有刃，另一面为背，用以锤击而不能斫东西。戊则是两面均是尖刃，而不是像斧、戚的平刃，主要作用是横刺。

椎

音读锤，用来击打的一种兵器。形状为圆柱形而且有尖，就像是无刃的刀剑。

鞭

有柄，但像刀柄一样短，不过鞭体很长，呈圆柱形，多节，就像铜棒一样，对敌人进行击打而不是刺杀、砍剁。

鸡鸣

汉朝时的兵器，形状就像打鸣时的公鸡一样，因此得名。也就是古代的戈，也叫拥颈。

戈

形状和鸡鸣相似，所以在汉朝时不称其为戈而称为鸡鸣。刃向前的称为援，援之下垂而附于秘者称为胡，其后端称为内。秘是戈柄，胡是兵刃曲而旁出的部分。以前人们认为戈都是直刃，程瑶田根据所见到的古戈说，戈的胡与内都穿有孔，孔是用来将戈缠缚在秘上，与戟的装柄方法相同，都是横刃。戈的胡有三个孔，戟的胡有四个孔。

戟

与戈相同，所不同的是援略昂起，而且内也有刃。

矛

长柄有尖，和剑相似，两面有刃，可以刺杀敌人，就是今天所说的扎枪。长二丈的称为尊，矛二丈四尺的称为夷，矛三隅的称为厹矛。厹是三棱矛。

枪

长柄，有尖无刃，呈圆椎形，中间粗，尖与尾部细，用来刺杀敌人。

炮

与如今的迫击炮相似，圆筒形，越往根部越粗，底部有火眼。

矢

即箭头。种类样式很多，有镞矢、兵矢、茀矢等。

弩机

是带臂的弓，也称为窝弓。上面安

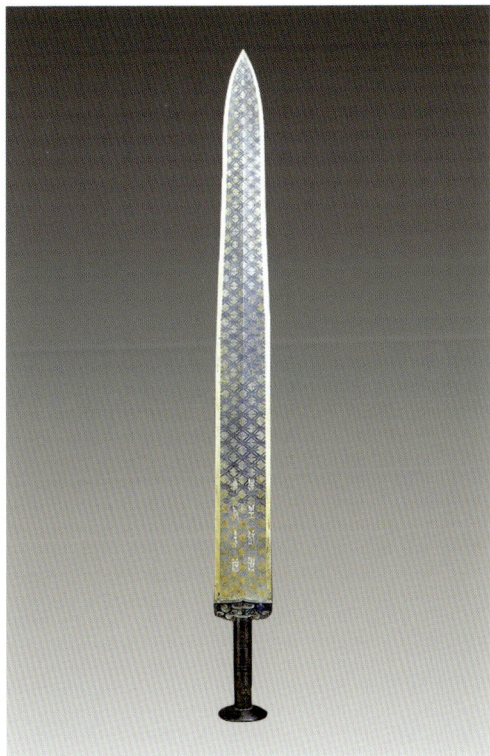

▲ 战国　越王勾践剑

通高55.7厘米，宽4.6厘米，柄长8.4厘米。1965年出土于湖北省江陵县望山一号楚墓中，现藏湖北省博物馆。

剑身上装饰着菱形花纹，剑格（剑柄与剑刃相接处）两面也用蓝色琉璃镶嵌着精美的花纹；中间靠近剑格外，镌有八个错金鸟篆体铭文。剑主人就是"卧薪尝胆"终于灭吴的越王勾践，考古学家称此剑为"勾践剑"。

▲ 商末或周初　云雷纹管銎钺

　　全长16.7厘米。现藏台北故宫博物院。

　　钺，管状圆銎、弧刃，钺身呈长方形，銎背部侧出一方块。器面饰雷纹、几何纹。

▲ 西周早、中期　成周戈

　　全长24.1厘米。现藏台北故宫博物院。

　　戈，内上有铭二字。

▲ 战国　兽面云雷纹矛

　　全长25.5厘米。现藏台北故宫博物院。

装有巧妙的机关，钩弦发射矢的力量很强大，可以射很远的目标，相传是黄帝制造的。

　　弩机的式样很多，大的弩机需要用脚踏，或者需要借助腰部的力量。还有数矢

并发的弩机。在火器还没有出现以前，它被视为强大的利器。宋朝时有神臂弓、克敌弓等，都是弩机。弩机由臂、面、郭和耳等各部分组成。

戣

　　戣读作逵音，属于戟类，有尖，有两面刃，中部有孔，形状如锐三角形。

戳

　　戳读作衢，属于戟类，四面有刃，是用于刺杀的兵器。

殳

　　殳读作殊，和矛相似，只是两面刃的后部为尖形，即两倒尖。

▲ 西汉　弩机

　　全长17.4厘米。现藏台北故宫博物院。

　　弩机，铜质，为弩之重要组件。

▲ 商代　兽面纹钺

　　全长17.8厘米。现藏台北故宫博物院。

扬

属于钺类，尖部为三个尖。如果加上柄，则呈十字形。

旄首

即旗帜上端带尖的，和敌相遇时也可当成利器使用。

刁斗

古代行军时的用具，在夜间击打以警众报时，犹如更鼓。用铜做成的镣，可以装一斗的粮食，白天用作饮食炊具，夜间用以敲击巡行。形状就像一口圆锅，再加上一把长柄。

钺

大型利斧。

兵器源流及演变

战争是动物的天性，凡属于动物，无不有其各自的战争，只不过形式与方法各不相同罢了。动物进化得越高级，战争的方式越残酷。而人是动物中进化最高级的，因此人类进行战争的残酷程度就远远超过其他动物。人类越进步，战争的方法和场面越惨烈。现在是人类进步最快的时期，所以现在进行的战争比以前任何时代都惨烈。之所以会这样，完全是由于人类进行战争所使用的武器日益先进，不仅种类繁多而且制造精良。使用戈和矛进行的战争，与使用飞机和大炮进行的战争相比，就胜负来说没有太大的差别，但是在死伤和造成的损害程度上，用飞机、大炮进行战争要比用戈、矛进行战争造成的损失严重得多。我们迫切希望用来杀人的武器不再进步，不再有新武器的发明，这是人类共同的幸福，也是全人类共同期盼的。

在这里，将中国古代所用的兵器，而且现在还能见到的记录如下，从中可以看出古人制作的武器非常简单。这些武器在炫耀武力的同时，还有不喜欢杀人的意思。

镢

镢是古代兵器，也就是三锋矛。《说文》中注释说："镢，兵器也。"《广韵》中说："戟属。或作戳，省文作镢。"

镢起源于什么时候，在什么时代使用，都无从考证了。《尚书·顾命篇》中说："一人冕执镢"，即指镢而言，镢字见于记载的也只此而已。夏、商、周三代以前或许有这种兵器，但实物没有流传下来，无法证明。如今存世的镢只有商、周时期的东西，秦代以后的从未见过，或许因为不便于使用而改变形式了。

▲ 战国 河南矛
全长12.1厘米。现藏台北故宫博物院。
矛头，骹上有一孔；骹上有铭二字。

戈

《史记》记载："伏羲氏造戈，以铜铸之，横安刃于柲上。"但戈头不是向上，而是呈钩状。经历了五帝和夏、商时期，其形式一点也没有变化，并且还是当时最通用的兵器，因此现在出土的铜戈，像这种形状的有很多。

《周礼·冬官》和《考工记》中记载说："戈，短兵器也，柲长六尺六寸。"《礼记·曲礼》中记载："戈者，前其镈后其刃，镈虽在下，犹为首也。锐底曰镈，平底曰镦。形如钩状，害人也。"现在出土

▲ 西周　侯戟

全长26.8厘米。现藏台北故宫博物院。

十字形戟，内上有铭一字。

的戈，戈上面的文字古文、大篆都有。根据戈的字形考证，戈的形式大概从伏羲时起直到宋代，并没有多大变化。现在出土的戈以周戈为最多，汉戈要比周戈少，隋唐时期的戈就更少了。一直到元代，就不再铸造铜戈了，因此现在还没有见到元代以后戈的实物。

矛

矛是刺人的利器，伏羲氏时创制。矛的形式屡次变更，由伏羲时期到秦代，矛

▲ 西周　夔纹戈

全长20.5厘米。现藏台北故宫博物院。

▲ 西周　太保菁戈

通长23.7厘米，援宽4厘米，内宽2.8厘米。现藏河南省洛阳市文物工作队。

中胡二穿，援背略微拱曲，援中有脊，刃锋利，阑上突出一齿，内端向外倾斜。内正面铸"太保"二字，背面铸"菁"字。

头小而矛柄也细，都是用铜制成，上面刻有花纹的矛多，刻有文字的矛少，因此秦代以前带文字的铜矛很不容易见到。据《礼记·曲礼》记载："进矛者，前其镦。"《考工记》中也有记载："酋矛，长二十尺；夷矛，长二十四尺。"扬子所作的《法言》中说："矛柄，关西谓之柲，或谓之殳。关东谓之杨。"

经历了五帝和夏、商、周三代，矛的形式和大小大致相同，没有多大变化。自从汉代以后，开始有用铁铸造的矛，尺寸也比以前的矛要稍大些，但其形式与夏、商、周时期的矛没有很大的差别。从宋代开始，人们只铸造铁矛，不再用铜来铸矛了。历经元明清三个朝代，铸造的矛都与宋代的相同，都是用铁制造，只是柄要比以前长，矛头也比以前大，与古代的矛完全不相同了。

斧

斧本来是伐木的工具，其发明的时间已不可考证。但夏启使用斧的时间最早，这可从出土的器物中可以得知。《逸雅》中记载："斧，甫也。始也，凡将造器，必先用斧。"《广韵》记载："神农造金斧。"《黄帝内传》记载："帝将伐蚩尤，改斧为兵器，用以战争，所向莫敢当。豁然破散也。"直到夏朝初期，才开始铸造铁斧，改名称"铖"，其刃大柄短，用作斩断物体的工具。

商代初朝，又将其改名为"白戚"。因为戚是蹙的意思，使见到斧的人害怕而感到局促不安，所以将它称为"戚"。白色是锡的颜色，用锡涂在戚刃上，故称为"白戚"。商代中期开始制造玉戚，据《辍耕录》记载："殷代玉戚，以水苍

▲ 春秋 矛

纵长15厘米。现藏台北故宫博物院。

此器为1936年河南辉县出土；此矛呈宽叶形，骹为尖筒状深入叶中，骹上有孔，器身铜绿严重，矛头及边刃有磨损。

▲ 商代 矛

长25厘米。现藏中国社会科学院考古研究所。

矛叶呈亚腰形，叶尖呈三角形，叶底有两孔；筒身有三角云雷纹及兽面纹。

玉为之，高二尺有奇，广半之，文藻粲然。自殷时流传，每大朝会一人持之，立于陛下，所以有正人不正之意也。"《云眼过烟录》中记载："武丁造玉戚，长三尺余，以美玉为之，文藻甚细，传为商周之宝。"

到周代初期，戚又改名叫"黄钺"，刃的两端微向上卷，柄的地方刻上饕餮纹，用黄金涂在刃上，柄也是金色，所以叫"黄钺"。只有天子才能采用黄钺，王公贵族都使用玄钺，把它用作车马仪仗的装饰。得到天子赐给的黄钺，那么持钺的人就可以代表天子行使生杀大权。《中华

▲ 春秋　斧

纵长13.5厘米、横长2.8厘米。现藏台北故宫博物院。

斧为砍伐用具，斧在西周时又称做镈；此斧形为长方銎，直体形，其刃已残。

▲ 战国　弦纹斧

高6.7厘米。现藏台北故宫博物院。

双面平口刃、中段内束，器身饰弦纹。

古今注》载："武王以黄钺斩纣头，太公以玄钺斩妲已。"

不过，夏代的玄钺，商代的白戚，周代的黄钺，只是在是颜色上有差别，实质上却是相同的。至于伐木用的钺，仍称之为"斧"，《孟子》中说："斧斤以时入山林。"但是现在所出土的钺，只有玉钺、铜钺，唯独不见铁钺。而且铜钺的刃长都不到五寸，重量不超过一斤，似乎不能够用来斩断东西。钺安柄的地方刻有饕餮、垂花等纹饰，估计是乘舆上用的装饰。至于用来斩断东西的铁钺，无论何时何地，始终没有见到。这可能夏、商、周三代之时斩断东西时要用特制大钺，用铁铸成，犹如清代特别制造的斩人刀一样，专门制造，所以不容易见到。还可能因为铁的质量差，容易朽烂，夏、商时代到今天已经三千多年，一切铁钺恐怕都已经腐朽而没有留存下来。到了秦代，又将钺改名为"锧"，用铁铸成。

现在出土的铜钺，根据上面的花纹来考证，大多是周代的东西，夏、商和秦、汉的钺很少见。这是因为周朝时钺作为乘舆上的装饰性器具，诸侯王公都制造它，因此直到现在还有如此之多。到秦、汉时期，虽然也用它来装饰乘舆，但多数是用铁来铸造，也有的用木头制作，但没有用铜来制造，所以现在秦、汉时的钺保留下来的很少。《开元仪礼》记载："秦时铸铁钺，改名曰'锧'，连柄三尺五寸，以虎豹皮为袋。乘舆之前，有刻木钺涂以金银等色，谓之'仪锧'。"这就是金银木钺的起始。

到隋代时期，又将其改名为"鍪"。隋、唐以后，钺没有固定的形制。到了清

朝，钺都被用作婚丧时用的器具，都用木头制成，只是尺寸、式样都与夏、商、周三代的不同了。

戟

戟最早由蚩尤开始制作。《吕氏春

▲ 春秋 斧

纵长16.5厘米。现藏台北故宫博物院。

此器为1936年河南辉县出土；此矛呈宽叶形近椭圆，中长骹，骹、叶间不明显，骹上有孔，器身有铜锈，矛头及骹部有破裂。

秋》中记载："蚩尤始造戟，其式略与戈同，惟刃向上，两旁出二枝或一枝。"《风土记》记载说："戟柄长一丈三尺。"《周礼·冬官·考工记》中记载："戟刃广一寸半，两枝六寸，直刃七寸半。"上古时期的戟都是用铜铸成的。从远古时期一直到宋代，虽历经千年之久，而其形式并没有大的变化。到宋代时，才

开始铸造铁戟。宋代以后，再也没有用铜铸造戟的了。

宋代铁戟的两枝作月牙形状，也有单枝的，其式样与现在见到的戟完全相同，而与宋以前的没有丝毫相似的地方。而宋、元时期的戟不再作为兵器，专作陈设，以取吉祥之意。因"戟"的读音与"吉"字相同，因此华堂宴室都陈设戟、磬，以取"吉庆"之意。新婚、祭祖时也把三个戟插在斗中或插在瓶中，以取"平升三级"之意。

宋代以后，开始出现金、玉、玛瑙、竹木等制造的戟。妇女的首饰中，也有用金、银、翠、玉制成戟的形状。这类戟，都是作玩具用。历经宋、元、明、清各代，戟的样式没有变化，因此宋、元时期的旧画上偶尔有画戟的，其样式都是与今日所见的戟相同。宋、元以来，戟成为专门的陈设，再也不用作兵器了。所以，宋代以前，战将使用戟的书中曾多次记载。宋代以后，再也没有使用戟的战将了。

刀

制造刀用来切割东西，由来已久。在

▲ 春秋 戟

通高31厘米。现藏台北故宫博物院。

此器为1936年河南辉县出土。此件戈为直内型戈，援极长且直，锋部略下弯，中部较细，近锋部略宽，为三角形锋戈，此为春秋时期常见之戈型，亦称圭援戈。中胡二穿，援本上端有一穿，援中有脊，内上亦有一穿。

▲ 戟
　　1975年出土于北京近郊。

石器时期，石刀为主要的工具。铜、铁出现后，就用它们制成刀。因此刀的出现，在兵器中是很早的。《古史考》记载："燧人氏铸刀。"《二仪实录》中记载："黄帝作刀，蚩尤氏铸陌刀。"《庄子》中记载："臣之刀十九年矣，所解数千牛，而刀刃若新。"《十洲记》记载："周穆王时，西胡献昆吾刀，切玉如泥。"《孔丛子》记载："秦王得西戎利刀，割玉如割木。"《逸雅》载："刀室曰'鞘'，所以裹刀体也。室口之饰曰'琫'，琫即棒也，束削之口也。下饰曰'琕'。"琫、琕都是刀鞘上的装饰物。修刻书简的刀称为"书刀"。夏禹有赤刀，周朝有郑刀、容刀、鸾刀，这都是当时按形态给刀起的名字。

　　《刀剑录》记载："吴王孙权，以黄武五年采武昌钢铁造刀万口，各长三尺九寸。晋武帝司马炎，以咸宁元年造刀八千口，铭曰'司马'。成帝衍在咸和元年造十三口刀，铭曰'兴国'。宋武帝刘裕，以永初元年铸刀一口，铭其背曰'定国'，小篆书，长四尺，后入于梁。少帝义符，以景平元年造一刀，铭曰'五色'，小篆书。齐高帝萧道成，以建元二

▲ 商代　曲背铃首弯刀
　　全长28.3厘米。现藏台北故宫博物院。
　　刀，剑首为中空圆铃，近柄处有小环，柄梢长，柄刃间有突栏，刀背稍弯。柄上饰几何纹。

▲ 商末或周初　乳钉纹有鋬刀
　　现藏台北故宫博物院。
　　车軎，长条状，两侧有环，器面上嵌乳钉纹；附木座，已残。

▲ 汉　书刀
　　长19.7厘米。现藏台北故宫博物院。

年造一刀，铭曰'定业'，刀长五尺，篆书。明帝鸾，以建武二年造一口刀，铭曰'朝仪'，小篆书，长四尺。前赵刘渊，以元熙二年造一刀，长三尺九寸，文曰'灭贼'，隶书。后赵石勒，以建平二年造一刀，用五百金，工用万人，长三尺六寸，铭曰'建平'，隶书。石季龙，以建武十四年造一刀，长五尺，铭曰'皇帝石氏'，隶书。后蜀李雄，以晏平元年造刀五百口，文曰'腾马'，隶书。前凉张实，造百口刀，文曰'霸'。后魏昭成帝拓跋犍，以建国元年于赤冶城铸刺刀十口，金缕'赤冶'字。宣武帝恪，以景明元年于白鹿山造一刀，文曰'白鹿'，隶书。前燕慕容隽，以元玺元年造刀二十八口，铭曰'廿八'，隶书。后燕慕容垂，以建兴元年造二刀，长七尺，一雌一雄，若别处之则鸣，隶书。后秦姚苌，以建初元年造一刀，铭曰'中山'长三尺七寸，隶书。西秦乞伏国仁，以建义三年造一刀，铭曰'建义'，隶书。后凉吕光，以麟嘉元年造一刀，铭曰'麟嘉'，长

一尺六寸。南凉秃发乌孤，以太初三年造一刀，长二尺五寸。南燕慕容玄明，以建平元年作刀四口，铭曰'建平'，隶书。北凉沮渠蒙逊，以永安三年造刀百口，铭曰'永安'，隶书。夏州赫连勃勃，以龙升二年造刀五口，背刃有龙雀环兼金镂，作一龙形，长三尺九寸，铭曰'古之利器'。周瑜作南郡太守，造一刀，背上有'荡寇将军'字，八分书。蒋钦拜列郡司马，造一刀，铭曰'司马'，隶书。周幼平击曹公胜，拜平虏将军，因造一刀，铭背曰'幼平'。潘文拜偏将军，为擒关羽拜固陵太守，因造刀一口，铭曰'固陵'。关羽为先主所重，不惜生命，自采都山铁为二刀，铭曰'万人'。及羽败，羽惜刀，投之水中。张飞初拜新亭候，自命匠炼赤朱山铁为一刀，铭曰'新亭候，蜀大将也'，后被范强杀，将此刀入吴。"

以上都是古代的名刀，只是今天存世的很少，很难得到。如果得到这些名刀，可以与金玉同样珍贵，千万不要轻视。

▲ 战国　楚刀

长27.4厘米，2厘米。现藏台北故宫博物院。

殷代与西周早期的刀，按形体可分为大、中、小三类，大型刀通长在30厘米以上，中型刀为20厘米，小型刀为10余厘米，大型刀与部分中型刀可能为兵器，为近战肉博时的短兵，而小型刀及多数的中型刀则当为日用的切割工具。

因为古人尚武，刀剑不离身，尤其作为官吏，必须有刀。刀对于官吏来说，是绝不可缺少的。就是说官吏必须佩刀，绝对没有不佩刀的官司吏。而古人又以佩挂自己铸的刀为荣，因此官吏多是自己铸刀。上面所叙述的都是当时最著名的刀，而不著名的官吏所铸的刀不知有多少。只因为他们名声不显赫，而所铸的刀也就不那么有名，但是未必没有好刀。今天所见的刀，人们大都是追求其主人的名气。不著名的刀，世人多不重视。东西因人的地位而区分贵贱，也是东西的幸运与不幸运！

唐、宋以后，佩刀的风气日渐衰落。皇帝既然不佩刀，群臣也就不佩刀。因此，铸刀的情况也减少了，而名刀就再也没有听说了。宋代重文轻武，除军事上必要的武器继续使用外，作为陈设的兵器完全被裁减了，并不是只有刀减少了。所以自宋代起，只有武官司佩刀，一切文官司都不佩刀了。元朝只有骑兵，以长枪为利器，所以更没有用刀的地方了。明清虽然未废除用刀，但刀的数量已不如以前那样多了。

刀很早就使用了，铸造的也很多，为何今天存世的并不多见呢？铁制兵器固然容易腐朽，不容易传到今天。但铜制的兵器也占多数，为何铜刀也不能流传至今呢？原因是中国自宋代以后，除朝代变更时的数十年奖励武功外，在太平年间，朝廷重文轻武，所有的古代兵器被销毁。且保存这种古代兵器为社会所不容，因为锋利的刀易于伤人，所以历代保存下来的古刀很少。

剑

剑是短兵器，是由蚩尤创造的。据

▲ 汉　纯金龙纹柄铜刀

长19.6厘米。崇源国际拍卖（澳门）有限公司2007年拍卖，成交价2.07万元。

· 93 ·

《管子》记载："蚩尤采葛庐山之铜以铸剑。"《吕氏春秋》中记载："蚩尤始造剑。"只是从现在出土的古剑来看，五帝及夏、商、周三代时候，只有铜剑而没有铁剑。铜剑长的不超过三尺，短的不少于二尺。从黄帝的时候开始直到秦代，虽然经历了两千五百年之久，而剑的尺寸、样式没有丝毫变化。《周礼》记载："桃氏为剑，茎五寸，刃二尺五寸，共长三尺，上士服之。中士之剑，共长二尺五寸。下士之剑，共长二尺。"所以现在出土的铜剑，只要是五帝和夏、商、周三代时的剑，从没有见过三尺以上的，也没有见过二尺以下的。

到商朝时，才开始出现剑衣，汉代将其称剑鞘。《礼记》记载："少仪加夫襓与剑焉。"《词林海错》中说："夫襓即剑衣也。"《西京杂记》记载："开匣投鞘。"然而上古的剑鞘现在已能见到，但从墓砖上所刻的剑鞘来看，三代时的剑鞘都是用皮革、木质做成，上面镶嵌有象牙、玉花等饰物。所以今天出土的象牙、玉花，多是一面刻着花纹，上面还有线眼等小孔，这应该就是三代的剑鞘饰物了。

到了周代时，开始铸造七星剑和双剑。《吴越春秋》记载："伍子胥过江，解其剑与渔父，曰：'此剑中有七星，价值百金。'"《烈士传》记载："楚王铸双剑。"秦代时开始铸造铁剑，然而其尺寸样式，与五帝三代的铜剑迥然不同了。江淹《铜剑赞序》中记载："始皇因攻争纷乱，铜不敷用，故以铁代之。"《山堂肆考》记载："黄帝炒铁造戈。"《刀剑录》记载："孔甲采牛首山之铁以铸剑。"为何今天所见到的，只有秦、汉时

▲ 春秋　菱形纹剑

　　长52厘米。崇源国际拍卖（澳门）有限公司2008年拍卖，成交价31.32万元。

　　此剑中间起脊，两侧斜弧，双刃呈弧形於近锋处收狭，然後前聚成锋；倒凹字形宽剑格，圆茎上有两道凸箍，并有保存良好的丝质缠缑。

的铁剑，五帝、三代时的铁剑始终未能见到呢？

　　因为上古时期，人们还不注重铁器，煅炼铁器的技术也不高超，且铁剑也不是名器，无人爱护并加以保存，所以今天不容易见到了。而且铁质容易腐朽，秦、汉时制作的铁器，如今已经腐朽过半。五

帝、三代时制作的铁器，不能传到现在也在情理之中了。上古时期的剑，虽然是用铜铸造的，但剑刃非常锋利，就像今天用钢铁所制成的剑刃。今天的铜刀，绝对不可能达到那种锋利的地步，这实在是让人难以理解，或许是古人另有炼铜的妙法。古玩中让人难以理解的事很多，这只是其中一点。

到了汉代，士大夫们穿上朝服，并开始佩腰剑。《开元礼仪纂》中记载："汉制，朝服带剑。"周迁作的《舆服杂事》记载："汉仪，诸臣带剑，至殿阶解剑。"晋朝时以木代剑，称为"班剑"。

《云谷杂记》记载："近世官府所持假剑，以木为之，号曰木剑。"汉、晋以来，才开始出现用玉作柄的剑，其花纹、样式都与西洋剑的柄相似，而与中国剑的剑柄不相同。

因为东汉时期，安息等国来朝贡，进贡的剑有的是玉柄剑，剑上镶嵌有珍珠、宝石并刻有花纹，这都是外国的样式。此后中国开始仿制，因此现在出土的汉、晋玉柄剑的花纹、样式都与西洋的剑柄相似。从秦朝至唐朝，剑身都很长，只有洋式剑把的剑柄小刃短，厚而且宽，与中国之剑刃稍有不同。唐代中期，才流行短

▲ 战国　青铜剑
　　长45.5厘米。现藏台北故宫博物院。
　　此剑为扁茎，无铜质的格、首；剑身狭长，中脊微突起，断面作菱形，后端与茎略成直角内转。

▲ 战国　环首短剑
　　全长22.6厘米。现藏台北故宫博物院。
　　匕首，环首、长柄、刃呈叶形，脊线明显；柄饰几何纹。

▲ 春秋 错金铭文剑

　　长67厘米。崇源国际拍卖（澳门）有限公司2008年拍卖，成交价15.295万元。

　　这把剑中间起脊，两侧斜弧，双刃呈弧形于近锋处收狭，然后前聚成锋。窄剑格，圆茎光素，圆盘形剑首。剑格和剑首处有鸟篆书错金铭文。

▲ 春秋 秦式蟠螭纹短剑

　　长25.2厘米。现藏台北故宫博物院。

　　此短剑为古越阁主人王振华所捐赠，为扁茎，有铜质的格、首，剑身中有条形凸脊，格、首有纹饰。

剑。《清异录》中记载："唐剑复短，常施于胁下，谓之'腰品'。"唐代以后，剑没有规定的制式，好坏不等，长短也没有标准，与五帝、三代的铜剑都不相同。

　　现将古代名剑简述于下，可以作为购买古剑的参证：

　　夏禹之子帝启，在位第八年铸铜剑一把，长三尺九寸，后将剑藏在秦望山。剑腹上刻有二十八宿纹饰，背面有星辰、山川、日月等文字。启之子太康在辛卯年铸铜剑一把，上有八方面，剑长三尺二寸，剑头呈方形。孔甲在甲辰年采牛首山的铁铸造了一把剑，铭文是"夹"，古文篆书，长四尺一寸。太甲在甲子年铸剑一把，剑长二尺，铭文为"定光"，古文篆书。武丁在戊午元年铸剑一把，剑长三尺，铭文为"照胆"，古文篆书。周昭王瑕在壬午年铸剑五把，各置在五岳，铭文为"镇岳尚方"，古文篆书，长五尺。周简王夷在癸酉元年铸剑一把，长三尺，铭文为"骏"，大篆书。秦昭王稷在丙午元年铸剑一把，长三尺，铭文为"诚"，大篆书。秦始皇在丁巳年采北抵的铜铸剑二把，铭文曰"定秦"，小篆书，李斯刻，埋在阿房宫阁下一把，埋在观台下一把，长三尺六寸。汉高祖在秦始皇三十四年于南山得到一把铁剑，长三尺，铭文为"赤霄"，大篆书，发迹后常佩在腰间，即他斩蛇所用的剑。汉文帝在初元十六年铸剑三把，长三尺六寸，铭文为"神龟"，刻有许多龟形，文帝死后此三剑被玄武官收藏。汉武帝刘彻在元光五年铸剑八把，长三尺六寸，铭文为"八服"，小篆书，埋剑在五岳。汉宣帝刘询在本始四年铸剑两把，长三尺，一把名"毛"，一把名"贵"，皆是用小篆书铭。王莽在建国五年铸造威斗及神剑，都是用五色石冶炼而铸成，铭文为"神圣万里伏"，小篆书，长三尺六寸。更始帝刘圣公在位二年，自造一剑，铭文为"更国"，小篆书。汉光武帝刘秀未称帝时，曾在南阳鄂山得剑一把，文为"秀霸"，小篆书，他常佩在身。汉明帝刘庄在永平元年铸一把剑，剑上作龙形，沉在洛水之中。汉章帝刘妲，在建初八年铸一把金剑，投进伊水之中，用来压人膝之怪。汉安帝刘祜，曾铸一把剑藏于峨嵋山。汉顺帝刘保在永建元年铸一把剑，长三尺四寸，铭文

为"安汉"，小篆书。汉灵帝刘宏在建宁三年铸四剑，铭文为"中兴"，皆为小篆。曹操在建安二十年，于幽谷得一把剑，长三尺六寸，上有金字铭文，曰"孟德王嗣后终身服之"。齐王曹芳在正始六年铸一把剑，常佩在身。刘备在章武元年采金牛山铁铸剑八把，各长三尺六寸，一把自用，一把给太子刘禅，一把给梁王刘理，一把给鲁王刘永，其余四把，诸葛亮、关羽、张飞、赵云各一把，剑上铭文均为诸葛亮书写。后主刘禅在延熙二年造一把大剑，长一丈二尺，用来镇剑口山，人们往往能见到剑发出的光辉，后人去找它却找不到。吴王孙权在黄武五年采武昌钢铁作剑千把，长三尺九寸，都是用南方的铜和越地的炭来铸造，铭文为"大吴"，小篆书。孙亮在建兴二年铸剑一把，铭文为"流光"，小篆书。孙皓在建衡元年铸剑一把，铭文为"皇帝吴王"，小篆书。

以上都是见于著录的古代名剑。虽然原物不可得见，但偶有得到的，也知道它是非常珍贵的。

在古代，人们把刀剑作为服饰上的重要物件，凡是官吏都要佩带剑，不仅是用来显示威风，也是防身的主要武器，因此

▲ 青铜剑

长45厘米。普艺拍卖有限公司拍卖，成交价1.3352万元。

▲ 嵌金绿松石青铜剑

长48厘米，佳士得（纽约）有限公司2009年拍卖，成交价27.32万元。

古人对铸剑极为重视，绝不马虎。所以上述的各种名剑，其冶炼铸造都极费心力，只不过史书没有记述罢了。冶铸古剑最为著名的是干将、莫邪。据《吴越春秋》记载："干将，吴人。莫邪，干将之妻也。干将铸剑，莫邪断发剪爪投于炉中，金铁乃濡，遂以成剑，阳曰'干将'，阴曰'莫邪'。"这两把剑是中国古代最著名的剑，可惜史书对它们的记载不详，导致后世无法考证其流传的情况。虽然流传下

来的古剑也有许多以干将命名的，但其真伪极难鉴定。

剑本为古代的一种兵器，用铜、铁铸成，用来刺杀，与其他兵器实际上没有什么差别。只是中国社会公众的心理，自古以来都认为剑是神物，而不视为单纯的兵器。从古至今，始终未变。

▲ 青铜剑

长39.8厘米。北京红太阳国际拍卖有限公司2008年拍卖，成交价42万元。

铜质优良，剑刃锋利，锈色自然入骨，保存完好，实为难得。

▲ 战国　奇字剑

全长40.7厘米，剑首宽4.3厘米。现藏台北故宫博物院。

铭文十二字，在剑柄尾端，铸铭嵌金银丝，为南方盛行的变体篆书，即美术化的战国古文形式；本件铭文辨识不易，或隶定作："唯□公之居旨卲亥□丌（其）卲金（剑）"；剑格饰曲折线纹，无铭文。

▲ 春秋　越王州勾自作用剑

长49.5厘米。现藏台北故宫博物院。

剑柄与剑身相接的剑"格"两面，有铭文十四字；剑格以中脊为界，分成相背的两个单位，一面的一个单位为"戉州勾"，另一为"王州勾"；背面的二个单位分别为"自作用剑"，说明此剑为越王州勾（约公元前448—公元前441年）所做的剑。

古代把剑当作神物的记载有很多，如周昭王铸了五口剑来镇五岳，秦始皇铸造两把剑，一把剑埋在阿房宫下，一把剑埋在观台下，都是作镇物之用。汉明帝之剑沉入洛水中，水清时常有人能见到它。汉章帝铸剑投入伊水中，用作镇压人膝之怪。汉灵帝铸有四把剑，其中一把无缘无故地消失了。曹魏时齐王曹芳的剑无故失掉，很快他就被司马氏所废掉。蜀后主刘禅铸造有一把长剑，镇守在剑口山，人们往往能见到它发的光。《吴地记》中记载："秦始皇东巡至虎丘，求吴王宝剑。虎当坟而踞，始皇以剑击之，误中于石，遗迹尚存，剑无复获。"《晋书·张华传》中记载："雷焕于丰城得双剑，送一与华，留一自佩，说'灵异之物，终当化去，永不为人服也'。焕卒，子持剑行经延平津，剑从腰间跃出坠水，使人没水取之，但见两龙各长数丈飞去。"韩愈诗云："凤飞终不返，剑化令相从。"就是指这件事。《世说新语》中记载："王子乔墓在京陵，战国时有盗发之，无所见。惟有一剑，欲进取之，剑作龙鸣虎吼，遂不敢进。俄而径飞上天。"《烈士传》中记载："楚王命莫邪铸双剑，止以雄进，剑在匣悲鸣，群臣说'剑有雌雄，鸣者雄忆则雌。'"

在其他的记述中，视剑为神的故事不胜枚举。因为在古代社会，人们不分上下贵贱，都视剑为神物。即使在今天，一般

▲ 战国　青铜剑
　长50.2厘米。现藏台北故宫博物院。
　圆茎上下等粗，中有两平行凸箍，宽格，圆首。

▲ 春秋晚期——战国早期　双环柄首短剑
　全长22.1厘米。现藏台北故宫博物院。
　匕首，双环首、长柄，刃部脊线明显；柄与剑格均饰几何纹。

人的心里仍有这观念，所以在戏剧、绘画、著录中，凡是神仙无不仗剑，大有不仗剑便不是神仙的架势，因此剑仙小说仍能风靡一时。究竟什么原因使人们相信剑为神物，让人十分难以理解。如果说完全是出自迷信，为何历代都迷信这一点而长久不衰？为什么刀、戈不被视为神物？即使属于迷信，也必定有造成这种迷信的原因。自古以来的著作都没有说明这种原因的，以作者的臆度揣测，这种情况可能出于桃氏演义。

《周礼》记载："桃氏为剑。"古时的铸剑师被称为桃氏，是因为其所铸的剑能辟邪的缘故。古时人们以桃为辟邪之物，所以桃符、桃印、桃人、桃梗等，都成为辟除不祥的物品。人们因桃人而联系到桃氏，因桃氏又联系到剑，都成了辟除不祥之物。因辟除不祥，而又联到神仙。自古以来把剑视为神物，或许就是这种原因。但无论如何，这毫无疑问是迷信。红线女、聂隐娘等人，都是好事者杜撰出来的。武艺高强、剑法纯熟的人世上是有的。但如果是一般人所想像的剑仙，则绝无其事。现在还时常听到有的儿童受到剑仙的迷惑，这也是迷信的流毒所致，不能不尽快纠正了。

盾

盾用皮革制成，避开刀刃以防身。《史记》记载："伏羲造盾。"其形状为长方形，中间向外凸，像牛背的形状，跪

▲ 战国　青铜剑

长50.7厘米。现藏台北故宫博物院。

圆茎上下等粗，中有二平行凸箍，宽格，圆首。

▲ 战国　无首剑

长42.7厘米。现藏台北故宫博物院。

剑首、剑格均为玉质，剑刃为金属，中脊明显；剑首作如意形，剑格饰浮雕兽纹。

在其后以躲避刃，所以《二仪实录》称为
"牛背牌"。《拾遗记》记载："庖牺氏
造干。"《方言》记载："自关而东谓之
干，关西谓之盾。"关就是指函谷关。
《说文》中说："盾，遁也。所以捍身
蔽目者也。"《释名》记载："盾，遁
也。跪其后以避刃也。窄而长者曰'步
盾'，步兵所持，与刃相配者。窄而短者
曰'子盾'，车上所持者。以木作者曰
'木盾'，以犀皮作者曰'犀盾'。"
《周礼》记载："盾，五兵用之。长以卫
短，短以救长。"《藻林》记载："画
龙于干以为饰，谓之'龙盾'。盾亦名
'拨'。"《孔子世家》记载："矛戟剑
拨。"《唐书》称盾为"犀渠"。《玄宴
春秋》记载："皇甫谧，年十七岁，未通
经史，编荆条为楯。"《越记》记载：
"越王勾践作盾，以白玉黄金嵌成龙蛇之

形，献于吴王。"

《逸雅》记载："盾又名'彭排'。
彭，傍也。在傍排敌御攻也。"《庶物异
名疏》记载："盾亦名'伐'。"伐为中
干，"干"、"伐"都是盾的别名。孔明
下命令说："帐下及右阵各持彭排。"
《急就篇注》记载："盾，一名楯。"丘
光庭《兼明书》记载："干，一名橹。"
所以《汉书》有"血流漂橹"的言语。
《章氏稿简赘笔》记载："盾，一名背
嵬。"背嵬就是圆牌，用革皮制成，饰有
金花朱漆。《二仪实录》记载："步卒用
八尺牛肋牌，马军用朱漆圆牌。"《事物
绀珠》记载："盾，一名立牌。或竹、或
木、或革为之，高五尺，阔三尺。巡城防
矢石。"《宋史》记载："熙宁九年，郭
逵征交趾于富良江，李乾德降，始得蛮人
制藤牌之法。以藤为之，中心凸向外，内

▲ 古代盾牌

凹处为上下二环，俾手肱有所执。持轻而坚韧，以避利刃者也。"

由伏羲至宋代，历代都制盾，其材料不尽相同。由宋朝至清朝，都制藤牌。只是藤牌今天还有留存的，而古盾却无法看到了。只是在汉晋瓦砖上见有人持盾的图像，有的手持虎头盾，有的手持牛头盾。这些盾的样式，都与书册所记载的完全相同。古代存留世间的，只有汉晋砖瓦上的摹形图像了，真品实物已经不能得见。即使清朝的藤牌，保存的也不多，真物也不容易见到。

弓箭

弓是用坚韧的木料作弓干，里面附上兽角，外面附上以兽筋，用丝弦制成弓弦。弓把名"弣"，弓梢名"弰"，两

▲ 南北朝时期持盾俑

端架弦之处名"峻"，两旁弯曲处叫"弓渊"，也叫"隈"，是用来使箭激发远射的。弓箭产生时间很早，但是见于记载的，则是在人类进入文明社会以后。古代传说黄帝的臣子挥制作弓。据《荀子》记载："倕作弓。"《山海经》载："少昊生般是始为弓。"《太白阴经》载："庖牺氏弦木为弓。"弓箭的产生时间众说纷纭，莫衷一是。按理推断，应该在三皇五帝以前若干千年。

因弓箭的制造方法简单，人类能制造生产工具就能制造弓箭。当时制造弓箭并不是为了战争的需要，而是猎获禽兽、防御禽兽所必需用的工具。我们可以看到今天非洲的原住居民、南洋的原住居民，以及中国内部的少数民族，多有使用弓箭的，由此可以推知中华民族未进入文明社会之前，必定已经能制造弓箭了。只是弓

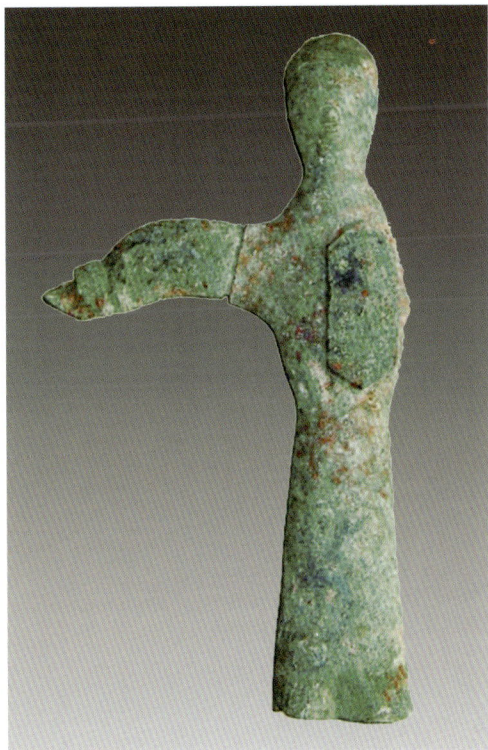

▲ 东汉持盾俑

箭的质料完全是丝竹，不能保存长久，无法流传到今天。从今日出土的箭矢上，就可以证明这一点。

察看现在出土的矢镞，有石制的，有骨制的，也有铜、铁制的。石头和骨头所制的箭镞，必定在铜制箭镞之前。现在出土的铜镞，腐朽的占出土总数的十分之九。依据其他古铜器出土的情况来考察，腐朽到这种程度，一定是铜器中最早的。以时间计算，最晚的当在三皇之初。所以，石骨箭镞必在三皇以前。从这点来讲，弓的产生也必定在三皇以前。弓箭的尺寸、式样、用料、作法，历代都有变

化。所谓庖牺造弓、黄帝造弓，不过是对弓箭加以改进，增强功能，使其成为定型的武器而已。

弓本为古代兵器之一，似乎与其他的兵器相同，除了用以杀敌外，并没有其他的含义。但实际上并不是这样。古代历代政府都非常重视射箭一事，将"射"列为六艺之一。《礼记》中说："习射御角力。"射箭在技艺游戏之内，寓有讲武之意。在周代之前，国家尤为重视射箭一事，将射术作为选择人才的标准。《礼记·射仪篇》载："古者，天子以射选诸侯、卿大夫、士，其

▲ 商末或周初　蝉纹弓形器
　　全长32.7厘米，身长19.3厘米。现藏台北故宫博物院。
　　弓形器，器身微作弧形，两端向上向外作对称双勾如臂身，两侧末端饰铃首。器身饰蝉纹。

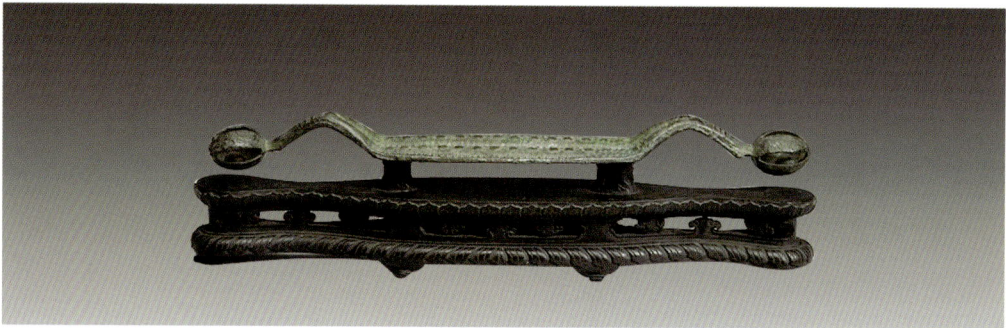

▲ 商末或周初　乳钉纹弓形器
　　全长38.2厘米，身长16厘米。现藏台北故宫博物院。
　　弓形器，器身平直，两端向上向外作对称双勾如臂身，两侧末端饰铃首，附木座。器身饰乳钉纹。

▲ 春秋箭头

纵长9.3厘米，横长1厘米。现藏台北故宫博物院。

各式箭镞，战国晚期，河南辉县出土；兵器，矢镞是箭铤最顶端的锋刃，这时的刃镞，以三角形刃最为盛行，也有三角星芒形的狭刃镞，中间的脊长短不一。

▲ 铜箭

重视为何如也。"并且以射术作为选官标准并不只是限于远古时代，从远古至清末，历代武官无不是凭射术选拔出来的。善于射术的，居高官；射术不精的，甚至无法保住自己的官位。射术的重要，由此可以知道个大概了。

因为在以前的数千年里，由于政府奖励射术，人民推崇射术，都认为射箭是男子必备的才能，不能射箭的就像生理不健全的男子而不能在社会上立足。古代用礼乐粉饰社会，所以任何事都要依据礼乐的要求才能实行，而要立德行则莫如射术。古云："射以观德。"所以古代聘请有才德的人用弓作为礼物。《左传》里有"翘翘车乘，招我以弓"的言语。

因为射术很重要，国家就制定了射礼。《礼说》中记载："射礼四：将祭择士，为大射；诸侯来朝，天子与之射，为宾射；诸侯相朝，与之射，为燕射；乡大夫、州长，为乡射。"古代所记录的礼节极其详细，能够阅读《礼记·射义篇》及《周礼》就会明白了。

由此可以推出，古人重视射事，必然要重视弓，所谓"弓欲善其事，必先利其器。"所以古人对弓的制造、取材极为注意。周之前国家设有"弓正"一职，专门负责制弓。《唐书》记载："张氏出自姬姓，黄帝子少昊青阳氏第五子挥为弓正，始制弓矢。子孙赐姓张氏，以后各代多有专司官署。"制造弓的人被称为弓人、弓父，专以制弓为业。弓的制造，大多以个人身躯的高矮、肢臂的长短为基准。良弓多是定制的，并不是凡是弓都可顺手使用。

总之，弓虽然是兵器，士卒在战争中固然要常常使用，但在社会大众的心里早就视射箭为锻炼身体、修德养性的事情。所以，古代的君子，没有不练习射箭的。如今虽然时异势迁，弓矢已失去作为兵器的地位，但修德养性、锻炼身体的原则是百世不变的。所以，现在的君子仍不乏练习射术的。

习射术的。

弩

弩就是有臂的弓，也称之为"窝弓"，实际上就是装上臂、设置机关枢纽的弓。《逸雅》记载："弩柄曰'臂'，

▲ **商末或周初　素弓形器**
全长37厘米，身长19厘米。现藏台北故宫博物院。
弓形器，两端为圆铃，内有铜丸，有镂空孔；弓身上饰乳钉纹。

▲ **商末或周初　人兽纹弓形器**
全长19厘米，厚0.7厘米。现藏台北故宫博物院。
为商晚期的弓形器，是安置在弓的中央藉以强固弓的一种器具；左右两侧的曲臂断掉之后，在两端加铸器末，并在器的两端与中央加铃，器背则加一半环；表面铸有人形装饰，原来应镶嵌着绿松石。

似人臂也。钩弦者曰'牙'，似牙齿也。牙外曰'郭'，为牙之规郭也。下曰'悬刀'，其形然也。合名之曰'机'，言如机之巧也，亦言如门户之枢机也。"

弩的发明应该在弓以后，相传为黄帝所作。史书记载："黄帝作弩。"《路史》记载："黄帝战蚩尤，以弓弩为战。"

弩的作用要比弓强。自从弩发明之后，历代都对它非常重视，都加以利用和改进，其机巧也日渐进步，因此弩的式样很多，大小不等。大的弩有用脚踏发射的，有用腰开弓发射的，还有的弩可以一次发射数支箭的。在火器未发明之前，弩是最厉害的武器。在周代时，弩就已经制造完备，样式也很复杂。《周礼·司工矢》记载："掌六弓六弩。"六弩即是大弩、庾弩、夹弩、物弩、有弩、唐弩等。虽然弩是弓的一种，但纯粹是作为兵器使用的，绝不像弓那样可以作为修德养性的器具。弩的作用只在于杀敌，杀敌越有效，其品第也越高，其他方面都不计较，所以各代都很重视。宋代的"神臂弓"、

▲ 汉代　弩机

高8.7厘米。现藏台北故宫博物院。

"克敌弓"，其实都是弩。

弩机是用铜铁制成，因此汉朝以后的弩机存世的很多。从远古到汉代，弓都是用来发射箭矢，弩则是用来发射弹丸。到了三国时，诸葛亮改造了弩用来射箭，用铁铸成箭矢，矢长八寸，一架弩同时发射十支箭矢。孔明以后，仍然无人能用弩发射矢，仍以弩发射弹丸。弩的制造比较复杂，使用起来也难，绝对比不上弓箭那样轻便，因此元、明以后，弩机仍未流行。到了清代，弩机的使用已越来越少。现在所见到的弩机多是汉、晋遗物，元、明以后的弩反而无法见到了。

匕首

匕首的解释前面的章节已经讲过，就是短剑。古剑的长短有定制，最长的剑三尺，短的剑二尺，而匕首长的也只有一尺八寸，不能称之为剑。因其首像匕，所以叫它匕首。因为剑为明器，匕首则为暗器。剑要佩带在衣服外，而匕首则是暗藏在衣服之内，使人不易察觉。所以，匕首是防身的利器，而不是战斗的武器。自古以来行刺的人多用匕首，荆轲刺秦王所使

▲ 汉代　弩机

高18厘米。现藏台北故宫博物院。

用的匕首是最有名的。荆轲是为燕子丹报仇，献上秦朝要缉拿的樊於期的头及燕国的地图给秦始皇，而把匕首藏在地图之内，"图尽匕首现"。也由此可以推知匕首的短小状况。如果是剑，则绝不可能藏在地图之内的。

匕首的创制时间史书中没有记载，想来应该与刀剑同时出现的。因为剑是古人最崇尚的武器，并不是任何人都可佩带，也并不是随处都可佩带。必须有官职，必

▲ **商代　镶嵌松绿石兽面纹匕**

长11.3厘米，高0.4厘米，宽7.2厘米。现藏台北故宫博物院。

前方后圆两侧侧出二钩的扁平的"匕"身，上接长椭圆形柄，柄上有一"蚕纹"，此器柄部有松绿石镶嵌排列以表现兽面纹；这种形制极特殊，与自名为"匕"者如扶风庄白窖藏出土者形制不类，姑且暂称为"匕"。

▲ **清代　土耳扈特鎏金匕首**

长24.6厘米。现藏台北故宫博物院。

刀柄镀金，以铸模制作，刀柄顶端有一圆珠，下接朵花纹，上下有线棱装饰，圆弧刀刃，已锈蚀。

须有地位，才准许佩带剑。但是防卫是人人需要的，因而匕首自古以来便成为最普通、最适用的防卫利器。清末，各地的乡民还有不少佩带匕首的人。因自古以来都把它作为暗器，不想让人知道，所以它的名声不是很显著。

刘

刘的解释前面已经讲过，属于刀类，用作刺物，即今天的尖刀。因刘与刀没有大的差别，所以只称为刀，而不称为"刘"，到现在很多人都不知道"刘"字的原意了。

戚

戚本为斧类，商代时称斧为"戚"，因此戚与斧是同一种器物。不过，推求原义，二者实际上是不相同的。斧的刃与柄呈垂直状，而戚的刃与柄成平行状。只因为都是砍斩器物，用处相同，所以有时就混用它们了。其形状就像今天木匠使用的平木器，俗称"奔子"，但字典内并没有这个名词。斧与戚今天仍存有，但都作为了木匠所用的器具，柄都很短。古时都是作为兵器用，那时的柄都很长。

钺

钺本作"戉"，前面已经解释过，不过所叙述的只是钺的一种形状，不很详尽。因为各种记载对钺的解释都是称之为大斧，所以读者必定认为斧中的大者称为钺，钺与斧的区别只有大小不同而已。那么大、小的限度是什么，恐怕就无法解答了。其实并不是这样，古钺的实际形态是大刃的斧，而不是大斧。因为钺的刃部极大，所以看起来与斧略有不同。

钺起始于夏朝初年。因以前的战争把斧作为重要的兵器，不仅用来杀敌，而且

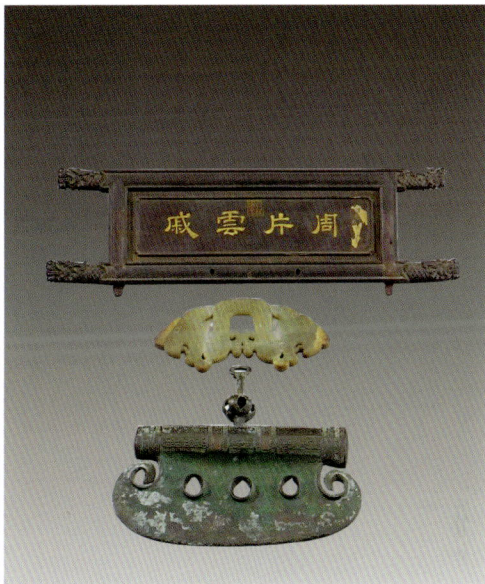

▲ 商末或周初　三孔卷云狭刃半圆形管銎钺

管状銎高18.2厘米。现藏台北故宫博物院。

钺，管状圆銎、弧刃，銎上细下粗，銎尾部有钤，刃尾反卷，器身上有三高突圆孔；銎身饰几何纹，附件为玉佩、木牌。牌两侧饰龙首，面上有"周片云戚"、"乾隆御赏"款。

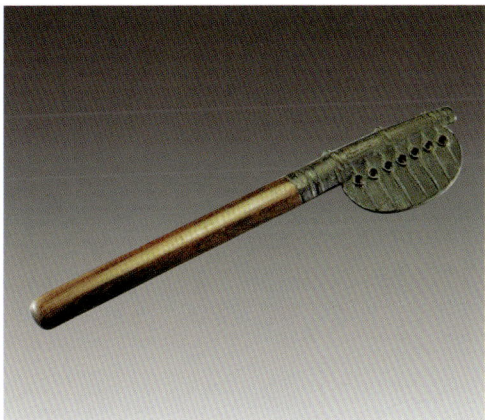

▲ 商末周初　七孔半圆形刃管銎钺

长18.7厘米。现藏台北故宫博物院。

全器由管銎及半圆形的带有边刃的器身所组成；本器的木柲可能是清宫旧藏时的加工，花纹主要集中在管状銎上：銎上有三道箍状装饰，中间饰有二大节点状纹及锯齿状带纹，背部各有小突起，钺身近管銎处有七个圆孔，向刃边及銎孔边各伸出突起线，也是富有北方特点的纹饰。

可以作为斩荆砍棘、开辟道路的工具。三代以前，满地荒芜，所以斧必然要兼而用之。到夏朝时，道路平坦，斧的作用仅能用于杀敌，因此就将斧的刃部放大，于是称之为"钺"。到商代时，战争时多用弓矢，用白刃交手的事情不常发生，所以斧、钺在战争中已经失去它的重要性了。但为了显示威严以及增强民众的观感起见，又不能取消它，于是就作为行军及御前的装饰及官吏车舆的装饰。因为钺的大小、形态等并不重要，各代对钺都无定制，多随意制造，所以显得大小、长短各不相同。由商代到清代的三千余年里，钺都用作皇帝、官吏车舆前的依仗。到民国成立后，仪仗取消了，只在婚丧执事中使用，但都已经改成木制，只表示仪式而已。

椎

椎读作锤，世人多读为"追"。其实我们所使用的钻孔的器具才称为锥。椎是普通的兵器，制造及使用方法并没有什么奇异之处，所以其起始及变迁都没有记录可查证。

古时候的军用武器并没有定制，任人所为。士兵只选择他所擅长的兵器使用，长官只要求能够杀敌而并不限定所用的武器形制。而且私人保有武器，官方并不干涉。因此，社会上民众保有的武器极多，善良的人用它作为保身除害之用，凶恶的人则用它作为劫掠杀人之用。所以中国历代传下来的武器，应有尽有。不过，考查历代所使用的武器，在远古时期以戈、矛最多，三代以后以弓弩为最多。上述武器因轻便易用，可以根据个人的力量来制作。椎则不是这个样子，自古以来，使用它的人很少。因为椎必须沉重才能发挥效用，不是体壮力大的人不能使用，所以椎的使用见于记载的很少，《史记》中只记有朱亥袖四十斤铁椎椎杀晋鄙的事情。还有我们熟悉的张良为韩国复仇，寻求力士，椎杀秦始皇于博浪沙中。因其使用的是椎，所以必须寻到力士才能使用。还有明代魏禧的《大铁椎传》里所叙述的是事实，并非虚构，所叙述的大铁椎勇武神奇，是天生的异人。

总之，从古至今使用椎的人极少，所以椎是最不通用的武器。至于锤这种器物，如今人们多指圆形物而言，长条状的

▲ 清代　铜锤（一对）
长10.3厘米。无锡市文物公司2006年拍卖，成交价8800元。
锤，铜质；锤呈椭圆瓜棱形，器沉锤实，执柄圆润称手。

锤击器并不称为锤。但古代的椎不是这样，阅后自然就会明了。

鞭

现在还能见到鞭，只是今天的鞭与古代不同，现在必须是能够弯曲伸展的才称为鞭。而古代的鞭就是有节的椎，不知道的人必然会产生误解。鞭的使用方法与椎相同，须有大力气的人才行，并不是任何人都可以使用的。

鞭的起始年代史书中没有记载。因其使用的范围不广，并不是官方制造的，必定是私人所创制的。古时使用鞭比较著名的，以五代时期的后梁招讨使王彦章为第一人。王彦章使用的铁鞭是鞭中最著名的，今天还有不少人知道"王铁枪"，此人即是王彦章。他所使用的武器并不是枪，而是鞭。

据《五代史·死节传》记载："王彦章，字子明，寿昌人。事梁太祖，为行营先锋马军使，为人骁勇有力，能跣足履棘行百步，持一铁枪，骑而驰突如飞，军中号'王铁枪'。"他所使用的就是铁鞭，现在还保存在山东汶上县官库中。该鞭是用铁制成的，长汉尺六尺二寸多，重量为今秤十五斤。共有十九节，每节用铜条缠束，柄饰有木，束有铜。柄端如锤形，四面环列"赤心报国"四个字，像是熔铜铸成的，所以字色发绿。

枪

又写作铳，现在也有人用"铳"来代替。今天的人多误认为就是现在的洋枪、手枪。其实并不是这样。枪的原意是鼎，

▲ **青铜鞭**

　　长15.8厘米。北京中拍国际拍卖有限公司2009年拍卖，成交价8400元。该器柄端较扁，链部为连铸，环环相扣，难能可贵。

▲ **清代　九节鞭**

　　长135.5厘米。中国嘉德国际拍卖有限公司2007年拍卖，成交价2240元。

即酒器，人们借用为刀枪的枪。枪的本义是农夫割草的工具，后来沿用为剡木的兵器，就是削木为尖，以作刺杀的武器。因为木尖容易折断而改铸铁尖，所以木尖的是枪，铁尖的是铞。

考查得知，枪的创用时间很早，使用时间很长。出土的枪，腐朽程度达到三分之二以上的，不是三代以前遗物是不会变成这个样子的。现在民间仍多使用枪来进行防卫，俗名扎枪，以区别于洋枪。很多年前，河南、河北的"红枪会"声势浩大，名震中外，他们所谓的枪，就是这种兵器。"红"是枪上装饰的缨。

枪因制造容易，而收效却很显著，所以古今武器中，枪是最为普通、最为适用的武器。古代书中所记载的长枪大戟，指的都是这种兵器。明朝末年才有洋枪进入中国，中国以前并没有此物，也没有此名，于是称之为枪，但它与中国古代的枪并不相同。至于"铳"，则为日本文字，就是枪的意思。但中国铳的原意是斧穿，即受柄之处，如今借用为枪之名，但读音应为"充"，而世人多读为"统"，与原音不符合。至于火器之枪，并不是中国的古兵器，所以不赘述了。

鸡鸣

鸡鸣是古戈的一种。"鸡鸣"这个名称，汉代以前就有这种称呼了。据《周礼·考工记》记载："冶氏注戈，今句子戟也。或谓之鸡鸣，或谓之拥颈。"疏云："谓之鸡鸣，以其胡似鸡鸣故也。"古代的戈，俗称鸡鸣，所以鸡鸣单独作为一个名称并不常见于书册。到汉代时，鸡鸣成为正式的称谓，所以汉代的鸡鸣似乎要多些。

因中国古时所有的武器虽然有定制，但大多没有严格遵循，而且没有固定的样式。所以虽然是同一种器物，现在见到的式样、大小、长短、厚薄不尽相同，千奇百怪，无所不有。以器物的象形来命名，是古今中外通常会有的。

矢

矢就是箭头，又称为"镞"，也作"簇"和"镞"，指的都是同一种器物。中国发明和使用弓的时期很早，比任何武器都要早。在人类还没有发明用金属制造器物之前，就已经能够使用弓了。它的矢除了木制的以外，都是用石制成的。《国语》记载："肃慎氏贡楛、矢、石砮，其长尺有咫。""砮"就是用石制成的矢

▲ **商周时期　青铜枪头**
长44.45厘米。现藏美国旧金山亚洲艺术博物馆。

镞。现在出土的石镞占据多数，都是上古遗传下来的。后来矢镞发展为骨镞、铜镞，最后全部是铁镞，一直到清朝初年。现在无论铜镞还是铁镞，都变成了古玩了。

考查古代的矢镞，并没有定制，也没有定式。根据今天出土的遗物，可以看出它的大概情况，有扁的，有圆的，有三棱的，还有四棱的，两棱之间都呈凹形。据说这种构造，在射入肌体时可以带入风

▲ 西周　三角援无胡有穿戈
全长19.6厘米。现藏台北故宫博物院。
三角援戈，援呈三角形，援部中脊三道，无胡，有穿；一侧刃部残伤。

▲ 战国　青铜箭头
尺寸不一；北京诚轩拍卖有限公司2008年拍卖，成交价560元。
一组共25枚，品相较为可观，值得收藏。

气，使伤者不容易治疗，也算是毒矢的一种。还有带倒刺的矢，目的是使被射中的人不容易取出。矢的形式很多，大小各异。今天出土的虽然很多，但想寻求相同的却不容易，这足以证明古代使用矢镞的种类之多了。

矢镞这种器物以有文字的为贵，但古镞有文字的极少。骨镞有时带有刀刻文字，然而都不可辨识。用铜铸制矢镞的初期还有很多带文字的，也都难以辨认。矢镞越进步而文字越少，到最后则完全没有文字了，所以它们在考古上的作用很有限。

戣

戣音读逵，属于戟类，是古代的一种兵器。《书经》记载："一人冕，执戣。"以后不见于经传，这是因为此种兵器已经很少使用了。

殳

殳读作殊。长一丈二尺，没有刃，也是古代的兵器。《诗经》云："伯也，报殳。"后来使用它的也很少。

扬

扬也是戟属的一种。

刁斗

刁斗前面已经解释过。

符

《器物丛谈》中记载："符者，付也。以竹为之，绘图或书文字于其上，以为征信者。或剖而为二，各存其一，合之以为征信者。亦有以木或金、玉、铜、铁为之者。"符是在什么时候出现的，现已无从考证。最早见于记载的，是从黄帝开始。史载："黄帝合符于釜山。"这是使用符的最早记载，以后各代都将其沿用了

下来。《汉书·赵尧传》记载："尧为符玺御史。"

周朝时，虽然使用牙璋来调动军旅，但同时也使用玉符。《周礼·地官》记载："门关用符。"这说明符的用途不仅重要，而且广泛。到周朝末

▲ 战国 钩内戟
　　长34厘米，宽28厘米。现藏河南省南阳市博物馆。
　　援微弧，锋呈三角形，胡部有两个尖锐的棘突；内为钩形，脊呈带状，无穿，下有两个棘突；此戟造型别致，铸造精细。

年，人心鬼蜮，伪诈之类的事很多，原有的符璋已经不能够起到昭信的作用。汉代初年，开始使用剖成两块的竹符。考查汉制，用竹制的符，剖分为二，长六寸，上面书写皇帝的命令，左半块留在京城，右半块交给使者，符的剖分就是从此时开始的。现在的人不知道，以为符最初产生的时候就是剖分的，这是错误的想法。汉文帝时，又因竹符容易

破裂，改铸铜符，形状似虎，内有牝牡孔，虎脊镌上官衔、住址。分开的话是两个，合在一起就成一个完整的物件。也有用金银丝嵌字或镀金的，一半留在京城，一半交与吏者。这就是铜符开始使用的起始。铜符使用起来很方便，且无法伪造，因此以后历经汉、三国、魏晋及南北朝，都沿用铜符。

到了隋代，改铸成鱼符。隋代规定，五品以上的官员佩带铜鱼符。开皇三年，又造木鱼符，制作成一雌三雄的鱼形，分别颁发给三路总管、刺史。五品以上官员朝见皇帝时，也都要佩带木鱼符，为的是防止有人行刺。开皇七年，又制造青龙、白虎、朱雀、玄武四符，分别颁发给东、西、南、北四方的总管、刺史。这说明符的使用，已经被国家极其重视了。隋炀帝制有玉麟符，则给了郑玄、樊子盖。

唐代武德二年，官方又铸银兔符、鲤鱼符，这类符并不只是实用，还是取祥瑞的含义。到武则天建立周朝后，因为自己姓武，所以废掉玄武符，而改铸龟符代替它。后来武则天让出帝位后，遂改铸鳞符。《唐志》记载："皇太子监国，给双龙符。"

到宋朝初年，凡是一切征召文件都使用书翰，上面盖上印，以此取代了符的使用。此后，就不再铸符了。金元之时，虽然仍有佩带虎符的制度，但和今天佩带徽章差不多了，而不用于征召了。

考查符的创造与使用，原本是作为军事调兵遣将的凭证，专门用于军事的，所以多数都称之为"兵符"。后来发现使用起来很有效，各城门在禁止出入时也多采

▲ 秦代　杜虎符

　　高4.4厘米，长9.5厘米，厚0.7厘米。现藏陕西历史博物馆。

　　背面有槽，颈上一小孔，虎作半立走形，昂首，尾端卷曲，错金铭文9行40字；器物铭文是在虎身镂刻阴文，再将金丝嵌入阴文之内，最后镂平打磨光亮，虽历经两千多年，仍熠熠闪光；字体绝大部分是小篆，规整挺秀。

▲ 兵符

用符，周代典制中的"门关用符"就有这种含义。唐代时有宫殿门符，皇城、京城门符，发兵符，传符等，但最重要的还是发兵符。而兵符是符中最主要的物件，所以自古以来都将符列入了兵器。

炮

上古时的炮，是用袋投石，写作"砲"，由包、石合成。后来，因火炮的

115

出现，砲字才写作"炮"。《汉书·甘延寿传》记载："守城用砲，投石绝。"《汉书·张宴传》载："范蠡兵法，用大砲飞石，重十二斤，为机发，行二百步。"到宋代时，开始出现火炮。杨诚斋《海鳅赋序》记载："绍兴辛巳，金主亮在江北掠民船欲渡。虞允文伏舟七宝山。以罐盛石灰、硫磺、以纸盖封口。待金人至，将罐投诸水中。灰磺见水而发，其声如雷，烟雾四起，以迷人马之目。金人大败。"这就是使用火炮的开始。

人们用木炭、硫磺等制成火药以节约人力、物力。将其放在罐中，用火点燃，其炸声如雷。后因瓷罐不如铁罐结实，又用铁罐来盛火药。炮举火发，数十里都可以听到听见声。后又将铁罐改铸成长筒

▲ 铜炮

形，内中放入火药、弹丸，尾部留下火眼，用火从火眼点燃，弹丸能口部射出很远。这就是火炮的最初形式。

创造这样的杀人利器，实际是自宋代才开始。宋代以前，无论何时，绝对没有火炮。所以现在出土的火炮，无论是铜铸的火炮，还是铁铸的火炮，其年代最远的也超不过宋朝。从宋代到明代，火炮都是用铜制造，用铁铸造的火炮很少见。北京某古玩铺藏有新出土的铜炮一尊，上面的铭文是："凤阳皇陵府造。铳重三斤七两。监造镇抚丞山□□正北□。洪武□年一月。"现在西安城上还有一尊旧炮，形状如合碗，顶部有一孔，仅容下一个指头。这尊炮的铭文是"震天雷"三个字，

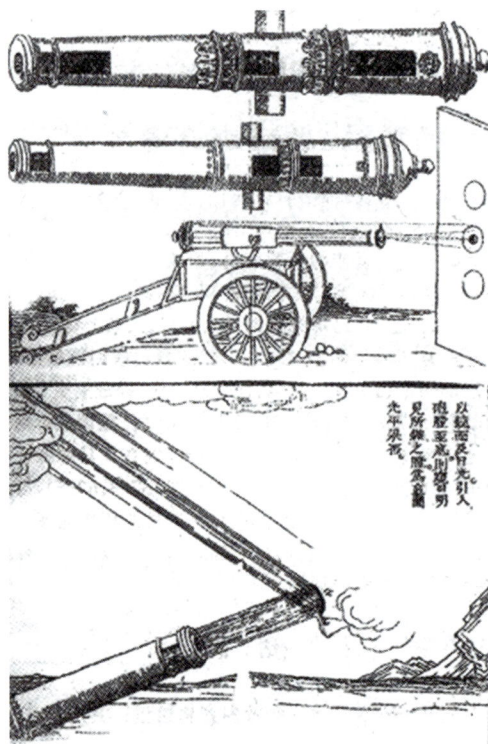

▲ 红衣大炮的构造图

是金人守汴京时使用的炮。至于行军用炮，也是自宋代才开始。元军用西域人亦思马因阿老瓦丁制造行军大炮攻打襄阳，这是行军用炮的开始。

据历史记载，元太祖之孙、太宗之侄巴图，勇猛善战，是诸王子中最勇敢的，他带领炮队攻入西欧。公元1335年，巴图率十万大军侵入俄国，攻破莫斯科，陷结武城，俄罗斯人得到其遗失的火炮，仿照铸造，这是俄国造炮的开始。后巴图又率军折入波兰，攻破桑道米城。引兵西行，越过加尔泰岭，包围厄米王，厄米王纳款求和，拉味也不战而降。德王费代理二世遣使求和，情愿做蒙古大可汗的养鹰使者。巴图从此地引兵南折，进入匈牙利，攻破瓦拉定城，使全欧洲震惊，惶恐不安。到公元1341年，太宗的讣告传来，召令近支诸王齐赴和林，选举继位的大可汗，巴图这才下令班师回国。同时，欧洲各国也得到蒙古军队遗弃的残炮，并仿照铸炮，这就是欧洲制造火炮的开始。

从宋朝到明朝，火炮的炮身都很短。直到明朝末年，才开始铸造长炮身的火炮。清初以来，又制造火箭，用铁铸成。火箭头部很尖，中间是空的，里面放有火药，尾部有柄，这也是火炮的一种。从清朝咸丰以后，洋炮传到中国，要比中国的火炮精确，而且方便。此后说到火炮，都是指西洋造的火炮，而中国的古炮都成为古玩了。

古代兵器的伪制

兵器之伪并不在于伪造。因为古兵器

▲ 亚洲铜炮

在今天并不太值钱，伪造并没有厚利可图。而且古兵器中有价值的，大都是铜、玉之质的。古代铜、玉的锈色可以伪造，其质地则无法伪造。所以，伪造古兵器的作伪之法，只是用年代近的器物来冒充年代远的器物而已。例如隋、唐时期的戈一只仅值数元，而夏、商、周三代的戈一只至少可以值数百元。三代的戈与隋、唐的戈样式相差不大，且隋、唐的戈容易得到，而三代的戈却很难见到。作伪的人就将隋、唐的戈中样式合适、整齐完善的，按照书录中的式样刻上花纹与文字，然后用伪造铜锈、玉锈的方法伪造上与三代器物相同的锈色。从外表看，完全是一件三代的器物。今天市面上出售的古代兵器，大多数都是这种伪器。

伪造古兵器，所需的费用比收买出土的旧兵器还贵，而且质地、锈色都不如旧的好，所以以前伪造古兵器的为数极少。不过在有些特殊情形下，仍存在有伪造的现象。以前中国军阀割据之时，内战连年不断，一些稍通文墨的将领驻扎在古代著名的战场上时，常有访求古代著名兵器的行为。奸商为获取利益，便伪造古代兵器。其制造之法，就是把旧铜器熔毁，然后按照书录所记载的形制去伪制。铸成之后再埋入地中，并巧设计谋让人以为发现了古兵器，故意让军官们听到。这些军官正专心于战争，没有书册可以查证兵器的真伪，而且这些伪制的兵器满涂泥锈，很不容易鉴别出其真相。军官们又早已认为这里有古兵器，所以丝毫没有怀疑这是伪造的兵器，即使日后有人指出是伪造的，他也必定不会承认，认为是在原地得到的，必定属于真器，一辈子都会认为是真品。

假设这些伪制的兵器被他人得到，也必定认为是真器。有些军阀的行为太可恶，强行索取古代兵器，当地富豪与商人便串通起来伪造古兵器以博取其欢心。也

▲ 东汉　斧车

　　长34厘米，宽40厘米。现藏甘肃省博物馆。
　　系车队之前导车，车双辕前伸仰曲，连衡带轭有軓。两轮各有辐条十二根。

许有人说收买旧物就行了，何必要新造古兵器呢？其实是无法寻觅到旧物。1926年，磁县商会会长亲自到北京收买旧兵器，经过多日努力而一无所获，无奈只好由北京伪造一件，暗中运回后埋藏在地下，若干天后挖掘出来再行买卖。这一计

谋成功以后，凡是古代著名战场或出名物的地方，都使用这种方法，以便将古物献给上司博取欢心。所以，古代的兵器在民国十年至二十年间新造的很多，就是由此引起的。

古代著名的兵器，大都陈列在使用者的庙堂或者古物陈列所中。为了防止丢失，大都再按照原物铸造一件，而真器收藏在库内，陈列的即是仿铸之器。仿器式样大小与真品完全相同，一旦年代久远真品遗失后，就把仿制的兵器当成真器，真伪于是就更不容易鉴别了。这也是伪制古兵器的一种情况。

又因各地方时常有出土的古物，一般要收归地方政府所有，藏入县里公库内。如果遇到嗜古成癖的县官，他就会设法替

▲ 穴取铜铅

▲ 马头弓形器

　　长31厘米，高5.3厘米。现藏中国社会科学院考古研究所。

　　弓身呈扁长形，中部较宽，向上拱起，两端连有弧形的臂，臂端呈马头形。弓身面部饰蝉纹四个，每侧各二，镶以绿松石片。

换。即按照原器仿铸一件，替换真器。这也是伪制古兵器的一种情况。

　　通常情况下，伪造古兵器的人绝对不会随意捏造事实，必定查明确有实物存世，而且是为一般人所熟知的，方才照样作伪。如果只见于著录，而没有听说有谁保有，就绝不会伪制此种兵器。如乌江是项羽自刎的地方，安徽和县有项羽庙，庙里面供有项羽自刎用的刀；河南卫辉西北四十五里的聂台有荆轲庙，里面保存有荆轲刺秦始皇所使用的匕首；山东汶上县有王彦章庙，里面存有王氏所使用的铁鞭；奉天清宫保存有清太祖所使用的大刀。这种情况很多。作伪者就会利用这些机会作伪，完全按照原物尺寸、花纹、文字制造。制成之后，从外观上是无法断定其真伪的。如果与原有器物所在地区相距较远，或者原有器物收藏得很严密，使人不容易看到这些器件的原貌，那么，伪制的器物就随时可以出售。如果原物容易见到，作伪的就会等到原物收存或遗失后再

冒充。所以在北京市面上，如果遗失一件原物，市面上就会同时出现数件与原器相同的器物。这种情形下的伪造品很多，爱好古玩的人一定要注意。

　　还有专门以伪造铜器为职业的，专门收买旧铜器而按照名器的样子仿铸。因以前旧铜的价值极低，正式的铜商都不收买，于是，作伪的就利用旧铜熔铸各种器物，兵器也常被伪制。如以前的社会风俗中，陈设物必须有戟，"戟"同"吉"音，取吉祥的意思。古戟绝不可能有这么多，而且又不是新器，因此大都属于伪造的器物。另外，北京过去最讲究摆架子，虽然无力购买真器，也必定设法寻求几种伪器陈列，明知是伪器也要购买，所以过去北京仿造、伪造古器的很多。现在北京古玩市场上的伪兵器，大

▲ 战国 繁阳剑

　　长45厘米，宽3.9厘米。现藏河南省洛阳文物工作队。

　　剑身有从，无格，扁茎侧有两小突，身上一面有错红铜铭文。

▲ 炼锡炉

有文字的部分取下，然后嵌入完整的兵器中。这种伪制法是常见的方法。

古代兵器大多有定式，虽然尺寸、厚薄有些差异，但大致相差不多。所以熟悉古代兵器的考古家，一见到某种兵器就知道它的名称，不需要进行考证研讨。伪制者明白了购买者的心理，常常伪制四不象的兵器来迷惑世人。如古代的戟都有倒尖，戈则都有胡，枪则是尖锐而两面有刃。作伪的则制成没有倒尖、没有胡，扁而薄，似非，似戈非戈，似枪非枪的器物，见到

半是商人伪制的。但因旧铜器的来源日益减少，这种伪制者也日见凋零，存在的已经是屈指可数了。

古兵器中完整的极少，名器尤其不易得到。作伪的人常常将古代破朽兵器上文字、古旧花纹、精细锈色佳妙的部分取长补短，粘全成一件整器。用这种伪制方法而造成的兵器为数甚多，购买的人一定要小心谨慎。

古代兵器的价值完全在于文字，就是说有文字的兵器价值高，无文字的兵器价值极低。但古代兵器中有文字的很不容易得到，即使得到的古兵器上只有只言片语，也必定视为珍宝。因此，作伪者遇到不完整的、有文字的兵器时，常常将其

▲ 东汉 骑俑

俑高27.4厘米，马高39厘米，载长19厘米。现藏甘肃省博物馆。

系护卫骑兵俑群之一；全队共十七骑，马四足立地，头略昂，双耳间饰有"雄胜"，张嘴翘尾，栩栩如生。

▲ **商代　直内戈**

长25.5厘米。现藏中国社会科学院考古研究所。

长条形援，援末呈圭首形，援中脊呈菱形，有上下阑，短胡，上有一长方形穿。

的人必定以为这种兵器绝不是伪制者臆造的模样。因作伪的人从来都是以仿制作为伪造的方式，绝对不可能有这种高深的见识。而且这种兵器很奇特，前所未见，或许是著录上有而考古家还没有发现，得到它也许可以居奇而卖个高价。所以，即使作伪的人索价甚高，也必定会购买。这可以算是作伪者出奇制胜的一招。

铜质的古兵器，作伪者伪造花纹、文字的方法与其他铜器的作伪方法相同。参阅铜器章节内的伪制方法就会明白了，这里不再赘述了。

玉质的兵器极少，只有斧、戟、兵符等几种中有，实物存世的只有玉符。其伪制的方法与其他旧玉器伪制方法相同。

此外，质地不易耐久的器物，或是实物传世很少的器物，这种类型的兵器，世人都知道真器不可能得到，得到的也必定不是真器，所以没有人进行伪造。

古代兵器的鉴别

古代兵器的价值在于完整、齐全，这最为关键。破烂的兵器，在任何情况下都不会值钱；其次是古兵器上有无文字，文字的多少，文字的真伪，文字的好坏都与其价值有密切关系；再次是古兵器上花

▲ 商代　兽面纹钺

通高23厘米，刃宽15厘米。现藏中国社会科学院考古研究所。

体呈扁平斧形，弧刃；长梯形内，内上有一小圆孔；钺身肩部有二长方形穿。

纹的精细与粗糙，花纹锈色的好坏，这些也与其价值有重大关系。这些都应该详细检查，器物本身完整无缺、文字精妙、锈色葱翠、花纹美雅，只有这样的古兵器才是上品。因为只有完整无缺，才可明了古兵器的式样；只有文字精妙，才可证明古文字的真实情况；只有锈色葱翠、花纹美雅，这样的古兵器才是真品。所以，这些都是鉴别古兵器的要点。

鉴别真伪铜质兵器的方法与鉴别其他铜器相同，参阅"铜器的鉴别"即可知道。其中最简单而又最可靠的方法，就是用加碱的开水涮，是真品就不会发生变化，而伪造的锈色就会立即脱落，真伪若揭，新旧昭然。假如临时没有开水，可以用舌头舔一下要鉴定兵器，如果有盐卤味一定是伪造品。伪制好兵器后再镌刻文字，覆盖上伪锈的情况最多。以上述两种鉴别的方法最为灵验，最为可靠，爱好古玩的人一定要了解。

如果是古代著名的兵器，必须详细询问其来源，再由实物证明这些，切不能误听一面之词，就贸然断定其真假。

粘合假造的古代兵器，其锈色就会有厚薄不同的现象。因为伪造的地方，一定会用很厚的铜锈覆盖，以遮掩住粘合的痕迹。如果用碱水洗刷它，伪造的锈色也会立即脱落。

古代兵器都有特定的样式，虽然尺寸偶尔有不符合的，但大致相差无几。因此遇到奇异不常见的兵器，一定要详细检查。其所有条件，有一条不符合的，必定是伪制的，千万不能因其奇异而不问其他了。在宣武门外小市上曾有一支有两胡的戈，绿锈斑斓。每个胡上面都有两行篆

▲ 商代 矛

长26.6厘米。现藏中国社会科学院考古研究所。

矛叶呈等腰三角形，圆角，中脊突起；长筒，筒两侧有半圆形环；筒口呈菱形。

▲ **商代 鋬内戈**

　　长23.8厘米。现藏中国社会科学院考古研究所。

　　体厚重，长援，中脊呈三棱形；长方形内，内后端有兽面纹，鋬空呈橄榄形。

文，后面有双钩龙蛇形饰纹。因为布满灰尘，无法仔细观察它的真面目。只因上面的篆文非常精妙，我就掏五元钱买下了他。后用碱水涮洗，不到一分钟上面所有的锈都脱落了。其上大概用的是铅油的绿色涂抹，以铅为质。后来在这要购买。

　　其他没有谈到的地方，可以参阅铜器的鉴别方法，大致是相同的。如果是玉质的兵器，鉴别方法与鉴别其他玉器相同，不再赘述了。

铜乐器

铜乐器种类

演奏音乐所用之器具。

钟

就是现在的钟类。只是上径小，下径大；纵径小，横径大，有柄无钮，并不是如今的圆形钟。

镛

就是大型的钟。虞、禹的时候，大型的称为镛，小型的称为钟。

镈钟

古时的说法不尽相同，有说是大钟，有说是小钟。总之，大小并不重要，重要的是镈钟能够悬挂，即每个钟都有一个架子。

编钟

即编悬的钟，十六钟共悬在一个架子上。

铎

大铃。文治教化中引人注意的乐器。

钲

钲读作征，外形和钟相似但比钟矮，柄位于中间，上下相通。用来节制鼓，钲响鼓停。

铙

小型钲，和铃相似，但没有舌而有柄，用手拿着进行敲击，奏鸣以止鼓音。

勾鑃

钟类的一种乐器。

錞于

圆形，和钟相似，有舌，上大下小，奏鸣以和鼓音。

磬

并不是现在僧徒所用的像钵盂那样的圆磬，而是呈矩形的。一端宽而短，一端狭而长。

▲ 西周㝬钟

高65.6厘米，宽30厘米。现藏台北故宫博物院。

鼓上饰首纹，篆间饰两头兽纹；舞上饰窃曲纹，甬上饰夔纹。

▲ 战国 兽面纹甬钟

通高43.5厘米。现藏山西省考古研究所。

甬圆柱状，体合瓦形，镇部狭长，枚高耸而瘦小，于的弧度较深。

▲ 春秋　夔龙纹镈

通高37厘米，宽25.5厘米。现藏美国赛客勒美术馆。

体呈合瓦形，钮作相对峙虎形，团状蟠龙形枚；舞、篆部均饰夔形细蛇纹。

乐器源流

中国古代以"礼"、"乐"治国，把"乐"列为士大夫必须学习的六艺之一，与"书"、"数"等并重，将其作为国家最重要的政治任务，所以各代帝王对于"制乐"都十分重视，因此朝廷对于乐器的制造也特别注意。

考证人类进化的历史，世界各民族在蛮荒时期，就能制作乐器用来演奏。就拿现在的非洲及南洋的各个未开化的民族来说，虽然仍过着茹毛饮血的生活，但都制造有极其繁杂的乐器，并能表演多种歌舞。

由此推想，中华民族能够制造乐器并加以演奏，应该在三皇之前就有了，不过对其定名定制是从伏羲开始罢了。据《通典》记载："伏羲作乐，名曰扶来，又名立本。"《通礼义纂》中也说："伏羲作箫，以竹为之，共十六管。"而《事始》中说女娲氏制作了箫这种乐器。《世本》中记载："伏羲作瑟，五十弦，皇帝改为二十五弦。"《壬子拾遗记》中说伏羲氏烧土而制成了埙。《世本》记载说笙是女娲氏制作的，又说："女娲氏之臣名隋者，作笙。""隋氏造竽。"《琴操》中说琴是伏羲氏制成的。《管子》记载："黄帝作乐，以缓急作五声，以正五钟，曰青钟大音，赤钟重心，黄钟让光，景钟昧其明，黑钟隐其常。"《吕氏春秋》中说："黄帝命伶伦造律吕，以竹为之，长三寸九分，为十二筒，分雌雄二音。雄鸣为六律，雌鸣为六吕。"《通礼义纂》中说黄帝让伶伦制造了磬。《白六帖》中记载说："黄帝战蚩尤，命吹角以御之。"《音乐旨归》中说："角长五尺，形如竹筒，本小末大，盖即今之喇叭也。"《黄帝内传》记载："黄帝制夔牛鼓八十面，一震数十里。"《太平御览》中说黄帝命伶伦砍伐竹子，从而制成了笛。《黄帝内传》记载说黄帝用铜浇铸成了钲铙。《通历》中说："帝喾造敔，形如伏虎，背有二十七龃。"《吕氏春秋》中说帝喾派垂制作了鼗。《通历》中记载："帝喾作籈，以竹为之。"《通典》中说舜制作成了玉管。《淮南子》记载："禹始铸铎，而对群臣曰：'告寡人以事者，振铎。'"《群书考索》中说夏禹制成了篪。《通典》记载："禹作簴，以竹为之，以架钟磬。"

▲ 商代　兽面纹铙

　　高17.9厘米，鼓间8.8厘米，铣间12.3厘米。现藏上海博物馆。

　　甬中空，饰牛角形分解式兽面纹，角、目、耳、鼻等部位凸起，装饰简朴。

▲ 西周　晋侯稣钟

　　高49厘米，铣间29.9厘米。现藏上海博物馆。

　　造于西周厉王时期，造型流畅，纹饰精美；铭文内容为史籍所缺，对研究西周历史和晋国历史极为重要。

▲ 春秋　蟠蛇纹编镈

　　现藏山西省考古研究所。

　　舞、篆和鼓面皆饰有蟠龙纹，十分细密、精致。

　　西周以后，乐曲的名目日益增多，乐器的数量也日益增多。从上面叙述的各种著录记载中可以看出，后来中国所使用的多种最为重要的乐器，在夏、商、周三代之前就已经开始制作了。此后，各朝代在乐器制作方面都有进步，不但乐律的种类日渐增加，越来越繁琐，而且乐器的种类也日渐增多。如想要明白各代乐器发展的详情，请参阅唐代段安节所作的《乐府杂录》，宋代陈旸著的《乐书》、张方平著的《乐全集》，元代左克明著的《古乐府》，明代梅鼎祚著的《古乐苑》，清代应㧑谦著的《古乐书》、胡彦升著的《乐律表微》等书，即可明白古代乐器的究竟。

古代乐器辨识

　　本书不是历史类著作，凡是名存实亡的乐器，也就是在古玩市场见不到的，与本书编撰的宗旨不相符合，因此一概不予收录。现仅把古代遗存下来的名贵乐器并被列入古玩中的，选择主要的几种叙述如下。

钟

金文用"钟鼎文"来命名，钟在金石文物中的重要性由此可见一斑。用钟鸣鼎食来比喻富贵，那么钟在古代上等社会礼仪制度上的重要性，也由此可以看出来。总之，钟作为器物，在中古以前极为重要，是有职位的人所不可缺少的标准器物。其式样、用钟制度现在的人都知道，是因钟这种器物至今仍有，而且人们现在仍在沿用它。只不过在一般人的印象中，认为古代的钟就是现在寺庙中的钟，其实并不尽然。

▲ 春秋 夔龙纹甬钟

通高46.5厘米，宽24厘米。现藏美国弗利尔美术馆。

体呈合瓦形，中部微鼓，口圆弧，柱形枚，素面；甬做圆柱形，上置兽型挂环；甬和篆饰变形细蛇纹，舞和鼓部饰夔龙纹。

▲ 北宋 蕤宾镈钟

全高27.4厘米，口径16.7厘米×13.8厘米，底径14.3厘米，足径18.3厘米。现藏台北故宫博物院。

钟钮立雕式龙纹，颈与身的线条转折趋于装饰性，尤其龙爪上举与相向的龙爪成方铜状，显然此套钟所取的是南方的装饰趣味。敲击钟口的任何一点，所测之音皆为升F调。与蕤宾钟铭文相对应的钮部铭文"大晟"已不见。

现在寺庙里的钟乃是佛教的响器，从印度传过来，敲打它用来召集僧众，与中国古代的钟不尽相同。中国古代钟的形制是上径小、下径大，纵径小、横径大，有柄无钮。钟柄称之为甬，甬顶叫衡，甬旁有环被称为旋。附在甬上用来衔环的部位称作干，干上刻有蹲熊、盘龙之类的纹饰，因此也称其为虫。钟口的两个角叫铣，钟唇叫于，于上面叫鼓，鼓上面叫钲。钟的顶部叫做舞，介于钲、鼓之间，雕刻有纹饰的部分称钟带，也称为篆。篆间许多隆起的凸状物称为枚，也叫钟乳。

钟被敲击的地方称作隧。这就是周朝时钟的形制的大体情况。现在出土的周朝的钟，还有完全与这种形制相同的。

不过，也有的不尽相同，与其差别最大的就是有的有柄，有的有钮。周代形制的钟虽说是无钮，但现在存世的周代名钟，有钮的多而有柄的反而少。其钮与柄的不同，是因为承受重量大小的不同。钟身长一尺以上的都是钮，钟身长五六寸的都是柄，其实是为了方便悬挂而不得不采用的形制。

钟有数种，即大钟、镈钟、编钟、摇钟等，是按形态及使用方法的不同来进行分类，并不是按钟的大小的差别来区分。大钟通常单独使用，形体比其他各种钟都大，因此大钟都有钮而没有甬，上部窄小下部宽大，钟口齐平且呈正圆形。镈钟则是架在簨内使用，每簨上只架一口钟。因架在簨内，钟身呈椭圆形以便于使用。编钟与镈钟形态相同，只是编列使用，每簨架十六口钟，分为上下两层排列。上下层钟的大小相同，只是钟壁的厚薄不同，因此十六口钟依音律而发出不同的声音，就是十六种音韵。镈钟与编钟的不同之处，完全在于使用的方法不同，而不在于本身的大小。韦昭注《国语》中把镈当作小钟，而郑玄注《周礼•镈师》中说"镈似钟而大"，许慎称镈为大钟。其实，镈钟相对编钟而言，大小并没有关系，能大能小。古人见到大的镈钟就说镈钟是大钟，见到小的镈钟就说镈钟是小钟，其实根本与大小无关。在中国逻辑学尚未发达的时期，此类大前提不正确而引起的的辩论很多，所以只知道依据古人的论著来考古，不是全部可靠的。至于摇钟的命名，按字

▲ 西周 楚公镈钟

通高44.1厘米。现藏日本泉屋博古馆。

钟体长腔空甬，甬的断面呈圆形，有旋和干，旋饰目雷纹；钲、篆、枚之间隔以微凸的弦纹，枚为平顶两段式，篆饰相雇式两头龙纹。

▲ 春秋 两头蛇纹钟

宽51厘米，高93.8厘米。现藏台北故宫博物院。

甬钟，椭圆体、圆锥形枚、桥形口；舞部饰交蛇纹，篆部为两头蛇纹。

▲ 春秋　麋侯钟

高19.6厘米。现藏台北故宫博物院。

钮钟，椭圆体、镂空蟠虺形钮、平口；钮上蟠虺形饰变形云雷纹，钲部饰圆涡形枚，篆、鼓、舞部皆饰蟠虺纹，钲部有铭两行7字。

▲ 仿战国　蟠虺纹钟

高29.7厘米。现藏台北故宫博物院。

甬钟，椭圆体、桥形口、有旋、铣；甬、旋均饰蟠虺纹、两侧加饰镂空夔纹，钲部短圆柱形枚，篆、鼓、舞部皆饰蟠虺纹。

义推断，必是摇荡而不是撞击用的钟，可能有特殊的用途，只是在许多著述之中也没有记载。

铎

铎就是大铃。《周礼》记载："以金铎通鼓。"《古今乐录》说："铎，舞者所持也。"《三礼图》中说："铎之匡，以铜为之。木舌为木铎，金舌为金铎。其形略似钟，惟摇之作声，而不搏击也。有柄，亦有钮者。"夏、商、周三代以前，铎是乐器演奏中不可缺少的，也是乐舞中的重要的伴奏乐器。秦汉之后，乐器增多了，演奏和乐舞中已经不再使用铎，而铎就被改变了用途，不再作为乐器，而被当作檐铎或占风铎了。就是把铎悬挂在檐头，风吹铎就发出声响。因为铎用来悬挂，因此都将柄改为钮，所有汉朝的铎都有钮而不是柄。凡是带柄的铎，都是夏、商、周三代以前的器物。而带钮的铎，都是秦汉以后的器物，而已经不是乐器了。

铙

铙有两种，一种是铜铙，就是两个铜器相互击打而发出声音的乐器，现在的戏院里仍在使用，但古玩铺里绝对不出售。古玩铺中常见的铙是另一种，不是铜铙。宣和《博古图》中有汉代舞铙，是把铜熔化铸成有镂孔的疏棍状，里面有铜丸，是舞乐人所拿的乐器。这种铙有柄，柄的上端为半球形的空壳，空壳中有一个圆孔，圆孔的四周有像车轮的辐条。如果两个铙合而为一，就成为一个空球形。里面放有一个核，一摇动就发出声音。这种古铙很多，凡是出售旧铜器的古玩铺里都有，一见就知道了。

▲ **战国 素铎**

高41.7厘米。现藏台北故宫博物院。

椭圆体，有衡、甬部，钲部上无枚、篆之别，桥形口。

鼓

鼓是极其重要的乐器，自古以来人们就把钟、鼓并称，其重要性可想而知。只是鼓的种类很多，有腰鼓、拊鼓等种类。但平常所说的鼓，并不是指样式奇异的，而是指大鼓来说。就鼓的制造方法而言，现在的人用木头制成鼓圈，用皮革作鼓面，敲击它就会发出声音。但古代的鼓情形又怎么样呢？史书中没有详细的记载，估计与现在的鼓大致相同。

至今仍存世的有汉代制作的铜鼓。据《金玉琐碎》中记载："襄阳陈伯仁藏有铜鼓，形如坐墩，中空无底，而多花纹，无款识。径今之裁尺一尺三寸，高一尺一寸，朱翠斑驳，其花纹旗饰，与《博古》诸书所载相合。"还说山阳城隍庙内

▲ **商代 兑亚铙**

高19厘米，鼓间10.9厘米，铣间14.5厘米。现藏上海博物馆。

腔体较阔，甬中空，鼓部有一方块形凸起，是为使用时的打击部位；钲部饰兽面纹，双角如眉，双目圆睁。

▲ **商代 神人纹双鸟鼓**

通高79.4厘米。现藏日本泉屋博古馆。

鼓身横直，上有双鸟相背的枕形物，中有穿孔，鼓身下有四个外撇的短锥足；鼓身饰头上有双角高耸弯曲的神人纹，双手上举，两腿弯踞，人面做浅浮雕略凸于器表。

▲ 汉代　铜鼓
　　宽56.3厘米，高27.8厘米。现藏台北故宫博物院。

有一具铜鼓，故老相传，说是河司马祝豫疏通黄河时在泰州一个叫冯甸的地方找到的。并且说铜鼓从马援时开始出现的，后来诸葛亮征服南蛮时得到了铜鼓，后人称之为诸葛鼓。这种说法出自《后汉·马援传》："援于交趾得骆越铜鼓，援取其鼓以铸铜马。"《虞喜志林》中说："建武二十四年，南康献铜马，有铭。"而这些事又发生在诸葛亮之前。

《载记》中说："赫连勃勃铸铜为大鼓，以黄金饰之。"《陈书·欧阳頠传》中说："兰钦南征夷獠，献大铜鼓，累代所无。"《岭表录异》中说："蛮夷之乐有铜鼓，形如腰鼓，一头有面，圆一尺许，面与身连，其身遍有虫鱼花草之状，击之响亮不下鸣鼉。"又说："熹宗时，高州野牧儿闻田中蛤吠，捕之，蛤跃入穴，掘得一铜鼓，其上隐起多蛙黾状"。《玉海》中说："景德元年，象州贡铜鼓，高一尺八寸，圆径二尺五寸，旁有四耳衔环，镂人骑花蛤，椎击之有声。"

根据史籍记载，古代南方的蛮夷各部落都有铜鼓，但没有一句话涉及到诸葛亮。这样看来，用木革制成的鼓是中国内地的产品，而铜鼓都是南方蛮夷制作的。

建鼓

在大鼓的鼓身横穿上方孔，用柱子贯穿孔中将鼓树立起来就是建鼓。柱下有四个足，在足尖刻上狮子，柱顶装饰上华盖。《明会典》将其称为"应鼓"，"庄子负建鼓而求亡"，说明古代早有建鼓了。

敔

敔的形状像卧着的老虎，背部有二十七钮，用木敲打就会发出声音，用来节制演奏。

方响

方响是用十六枚长方形的钢片制成，全都悬挂在一个架上。钢片斜放着，分为上下两排，每排八枚。用小铜锤敲击方响，就发出清浊不同的声音，这是因钢片的厚薄不同而产生的差异。

▲ 汉代　铜鼓
　　高26厘米。现藏台北故宫博物院。
　　鼓面向上，体如圆墩，平面曲腰，两侧各一对扁耳；鼓面及鼓身作各式几何纹，如乳丁纹、云雷纹、三角形纹等，耳饰绹纹。

▲ 商代　兽面纹鼓

通高75.5厘米，鼓面直径39.5厘米。现藏湖北省博物馆。

为横直的两面铜鼓，鼓面圆形，上端较下端略长，两端缘上饰有摹仿皮鼓鼓钉的三角乳钉纹。

觱篥

觱音读必，觱篥又叫觱栗。本来是西域龟兹国制作的乐器，后来传入中原地区，唐代制作的九部少数民族音乐中要用到它，宋朝以后都沿袭唐朝乐器的形制。觱篥的芦管上有三个孔，金属做的口在下面。管的顶部装有簧片，用口吹就能发声。觱篥体长七寸，清朝时瓦尔喀音乐中有这种乐器。

錞

錞就是錞于。其形状是圆形，像碓头一样，上大下小，演奏时敲击它与鼓声

▲ 春秋　蟠虺纹钲
高23.5厘米。现藏台北故宫博物院。
椭圆体、桥形口、有旋、干、铣；甬部饰蟠虺纹，钲部饰螺旋形枚，篆、鼓、舞部皆饰蟠虺纹。

▲ 春秋 素面镎于
　　宽27.5厘米，高35.6厘米。现藏台北故宫博物院。
　　圆口、直颈、兽首环耳、鼓腹、圈足。

▲ **西周　楚公逆钟**

　　通高51厘米，铣间28.8厘米。现藏山西省考古研究所。

　　甬的断面呈方形，有旋和干，旋饰目雷纹，舞部两面微下倾，饰宽带卷云纹；钲、篆、枚部位之间，隔以夹有乳刺的双阴线，枚为平顶两段式，篆饰长脚蝉纹。

相和。《博古图》中记载有周代镈于十九件，其器形与此大致相同。

中国古代的乐器种类很多，只是现在能列入古玩器物中的，只有上述诸种。因为古代乐器的制作材料不同，有用铜、铁制作的，也有用丝、竹制作的，还有用石、玉制作的，更有用木头、裘皮制作的。不同种类的材料，其耐久性不相同。竹、木、丝、皮诸种材料制作的乐器很快就会毁掉，无法长久保存，因此现在绝对没有几百年以前用竹、木等制作的乐器。如果有这一类乐器，一定是伪造的，经不

▲ 春秋　夔龙纹镈

通高41厘米，宽31厘米。现藏美国弗利尔美术馆。

体呈合瓦形，钮作相对峙回首虎形，团状蟠龙形枚；鼓部饰夔龙纹；虎钮饰卷云纹；舞、篆、镇部饰夔形细蛇纹。

▲ 西周　虢叔旅钟

通高65.4厘米，铣宽36厘米。现藏北京故宫博物院。

长腔，对衡，有旋和干，鼓部较宽，钲、篆、枚间及周围有微凸的界栏，枚作平顶两段式；纹饰也是当时的典型风格，甬部波曲纹和横向鳞纹，旋上目雷纹，篆饰兽目交连纹，阴部为体式花冠龙纹。

▲ 汉代 錞于
　　高36.3厘米。现藏台北故宫博物院。
　　直口、直颈、垂腹、圈足；颈两侧有兽首衔环。
照片中的器物口朝上倒放，使用时应是口朝下。

起考证。

　　古玩中的金石器物之所以被人视为贵重的东西，多半是因为其上记载有文字，而乐器上刻有文字的以用铜、铁制成的数量最多。用玉、石制作的乐器上即使刻有文字，但为数很少，很不容易见到。铜制

乐器中，以刻有文字的铜钟最为常见，因为铸造者的目的在于昭示后世，传承永久，因此铸造的年月、铸造者的姓名以及铸造的动机均刻在上面，这种风气至今还没有消失。所以，钟上有文字的很多，而且字数也以钟上的文字为多。《博古图》记载："周齐侯镈钟，铭文四百九十二字。"如此之多的铭文，在其他器物上确实不易看到。

　　古代制作的铜钟上大多有文字，字数少的也一定有铸造者的姓名及钟的名称，完全没有字的很少。铜钟之所以被考古家器重，成为古玩中的重要器物，这是主要的原因。

　　用铁来铸造钟，直到周代末年才出现，此后非常普遍。在此之前，用铁铸造的钟还没有听说过，史书上记载的著名铁钟也从未见过，但实际上的确存在。1937年的春天，北京古玩商从山西的某座古寺买来一口铁钟，高三尺七寸，红斑灿烂，内外满镌篆文。经北京考古专家鉴定，确实是周代之物，现在仍保存在北京炭儿胡同某古玩商处。这口铁钟是中国古代制作的很少见的宝物，国人应该尽力保护。

古铜镜

铜镜概述

上古时代的铜镜就是大盆，其名称叫"监"。《说文》中说："监可取水于明月，因见其可以照形，故用以为镜。"然而在夏代初期，监都是用瓦做成的，所以古代的监字一概没有金旁。到了商代初年，才开始铸造铜鉴，此后鉴字才金旁。《国语·申胥谏夫差》中说："王盖亦鉴于人，无鉴于水。"但商、周之时虽有铜鉴，而瓦监也被同时使用。到了秦朝时期，才开始铸造铜镜。因铜镜适用的范围要比监大得多，所以自秦以后就再不以水为监了。秦、汉以后，铜镜的使用范围越来越广，铜镜的制造也越来越精。

铜镜的质料金、银、铜、铁全都俱备，而其中以铜最多。其间也有镀金、镀银的，也有背面包金、包银或者嵌金银丝的。隋、唐以来，出现了带柄、四方形的铜镜，花纹也是应有尽有。直到明代末年，才开始有用玻璃制的镜子。清代乾隆后，玻璃镜开始在民间兴起。民国初年，边远地区还有以铜为镜的。如今玻璃已很普及，铜镜也早就绝迹了。

铜镜以秦代制作的为最古老，所以说镜必然要说到古秦镜。然而秦镜传于今的都是出土之物，传世之镜绝不可得也。因古时人死后用镜来做陪葬品，就是取"镜照幽冥"的意思，世代相习成风，因而古代的铜镜大多被埋入了土中。而古镜铜质上佳的的确不同一般，入土多年仍不失其良美，所以数千年后仍然可以见到古人的杰作。

▲ 战国至秦代　蟠螭纹镂空镜

直径15.7厘米。崇源国际拍卖公司2006年拍卖，成交价51.198万元。

小环钮，圆钮座，有四出叶瓣形；蟠螭相互缠绕、纷繁狡杂，体躯皆S形扭曲，细察之，则共有十六蟠螭，其中四蟠螭衔住镜缘内侧，其余皆相互衔尾，布局颇为对称，可谓繁而不乱。纹饰中有二十八个圈珠纹，分布匀称；镜缘有两圈重环纹构成。

铜镜虽然起始于秦代，但真正的秦镜实际上是不可以得到的。因秦朝年代很短，铜镜数量有限，而且殉葬之风不如后世盛行。所以如今所见到的最古之镜，大多是汉代时制作的。汉镜的制作极为精巧，而且多有镶嵌珠宝的。铭文多为十二时辰，含有自警自励的意思。尚方御镜尤其多，故时有出土。其镜像有光泽的漆一般明亮，到现在还光亮照人。花纹也都很美丽，匀净而没有瑕疵，字画清晰，笔势纵横，让人不禁回想起当日的盛世情景。

汉镜都有铭文，其铭文都是吉祥语句，如"家室富昌宜子孙"、"大富贵大吉羊"等。镜子的名称有很多，如"日月镜"、"十二辰镜"、"尚方御镜"、"群邪镜"、"仙人镜"、"神人镜"、"宜官镜"等不可胜数，都是以铭文或作者为名。有形状特殊的，则以其形状命名，如"泉范镜"、"五铢铜镜"等。以后历代制镜，大致相同，只不过铭文、形式各自不同而已。

唐代时制造有透光镜，镜背上的字迎日映照，明亮得能映在墙壁之上。灯光映照也可以达到这种效果。

至于铜镜的产地，以山东、河南、陕西、安徽为最多。如今各地都已经挖绝，只有安徽亳州偶尔还有出土。

古铜镜的伪制及鉴别

古代铜镜传世的很少，大多数都是出土的东西。伪制出土的铜器很容易，参阅本书"古铜器的伪制"就会明白。只是铜镜的价值并不昂贵，如果按照铜器的伪制方法伪制铜镜，作伪的非但不能获利，而且必定会受损失，所以绝没有伪制铜镜的。

现在之所说的伪制品，是指黏补铜镜。因铜镜从地中挖出时，完整者不到百分之一，大多数都是破碎或缺损。作伪的人将破碎的零碎片焊黏为一，缺损的地方则另用铜锈补上。凡市面上的铜镜，镜面不光滑，而且有绿锈之处，都是添补的地方，但镜确实是古镜。这就是铜镜的伪制方法。

古代铜镜传至今日的，都是出土之物。所谓出土，不是说兵荒马乱时流落以至埋于地下的，而是殉葬品。古时下葬必用水银，所以现在出土的铜镜都受到了水银侵染而发生了变化。但因铜质优劣及水银强弱不同，因此铜镜上的水银色也各不相同。有银色的，也有铅色的。铜镜之质清莹，又先得水银沾染，年久浸入铜内，满背水银，千古亮白，称之为"银背"。

如果先受到血水秽污，然后再受水银侵入，铜质原本就不纯净，因而所成之色如铅，年远则色滞，称之为"铅背"。还有半水银、半青绿、朱砂堆的铜镜，是

▲ 西汉　博局镜

　　直径13.5厘米。估价1万—2万元。
　　圆形，博山炉式钮，主纹饰为博局纹及草叶纹，也有内区凹面方框四角与博局纹相交，形成完整图案，各区均饰二只雀鸟纹饰。

▲ 唐代　神鹿瑞兽镜

　　直径12厘米。估价0.8万—1.5万元。
　　圆形，半圆钮，内区四瑞兽一仙鹿环钮嬉戏，外饰瑞兽、鱼、禽鸟等。

先受血肉秽腐，其中一半日久则会变成青绿，另一半干净的则染上水银，所以一镜之背二色间杂。

如今的铜镜以银背为上品，铅背次之，青绿又次之。如果铅背埋入土中年代久远，就会变成纯黑，称之为黑漆背，这种铜镜的价格较高，但这种颜色很容易伪造。

迄今发现最早的古镜，是在青海贵南

▲ 齐家文化时期铜镜

▲ 齐家文化时期玄镜

朵马台齐家文化墓葬中出土的"七角星铜镜"，直径9厘米，圆形平板式，背铸有七角星形，拱形环钮，含铜量很高。甘肃广和齐家坪出土一面素镜，直径约6厘米，镜背平素无纹，钮细小。

商代铜镜

在河南安阳发现5面。有河南安阳侯家庄出土的"圆形素镜"，妇好墓出土的"乳钉叶脉纹镜"（直径12.5厘米、厚0.4厘米）、"多圈弦纹镜"，亦可见铜镜在初创期时的简朴古拙。一面镜背有弓形钮，饰以席纹和鳞纹图案。另四面均为圆形，镜背有拱形环钮，且分别装饰以叶脉或多圈凸弦纹，镜成近平或微凸，镜身较薄。此时铜镜纹饰具有自己的风格，这种风格也见于同时出土的其他器物上。商代铜镜的特点：镜面平，镜体薄，拱形环钮或方形钮，但均无钮座。

西周铜镜

迄今发现有多面，均为圆形，镜面平直或微凸，镜身较薄，镜纽有橄榄形、弓形、半杯形、长方形等多种。可分为素镜、重环纹镜、鸟兽纹镜三类。西周时期以素镜为主。西周晚期，镜背的纹饰发生了变化，新出现了动物纹饰，打破了传统的风格。以"重环纹镜"（陕西扶风刘家水库出土）、"虎鹿鸟纹镜"（河南三门峡虢国墓出土）为代表，形制虽然简朴稚拙，饰纹倒也丰富生动；只是此时的饰纹因受礼制的制约而具有象征意味。西周铜镜用红铜制成，易生锈。

▲ **商代　光芒纹镜**

直径7.4厘米。估价1万—3万元。

弓形钮，镜背以镜心为中心，饰有五圈周凸弦纹，由里至外，同心圆逐渐加宽，五个圆环之间饰密排的竖直短线，形成向外的光芒状。

▲ **西周　绳纹镜**

直径9厘米。北京中拍国际拍卖有限公司2009年拍卖，成交价6720元。

桥钮，无钮座，三周凸弦纹，近缘饰一圈绳纹，纹饰简单，古朴。

春秋战国铜镜

春秋时期，铜镜的数量有所增加，在河南三门峡市和浚县，山东临淄、山西长治、辽宁宁城、湖南长沙和湘乡等地，都有春秋铜镜的发现。但多数是小型素镜，做工很粗，仅极少数有纹饰，而且纹样也很拙笨，桥形钮。春秋后期，随着社会经济的发展，铜镜铸造业迅速发达起来，质量也有显著提高。镜的形制和花纹已经规格化。镜钮多为细小的桥形，已有钮座。镜缘也有明确的形制。镜背花纹精致，其特点是完全采用虺龙纹、兽面纹、兽纹、羽状纹、涡形纹等青铜容器上的纹饰。

产生于齐家文化的中国铜镜，经过了漫长而缓慢的发展，终于在战国时期成熟起来。形成了以楚镜为代表的"战国式铜镜"，是中国古铜镜发展史上的第一个高峰。从考古发现来看，北方镜多素朴简拙，出土不多。古铜镜以湘、皖"楚式镜"为主，式样繁多。胎薄卷边，双层纹多，弦纹钮。战国中期以后，镜的形体增大，一般直径为十余厘米。由于铸造量大增，多采取铸造"同范镜"的办法，开后

▲ **战国　四山镜**

直径12.9厘米。估价8万—15万元。

三弦钮，方钮座，座外四角伸出大型四叶将主纹饰分为四区，各区均饰逆时针旋转"山"字图案，羽状纹铺地，素缘上卷。

世"同范镜"铸造的先例。镜纽普遍为三弦纹的桥形小钮，钮座主要有圆形和方形两种。除平缘的以外，镜的缘部多为断面呈弧曲内凹的。

镜背的花纹可分"地文"和"主纹"。前者如羽状纹、涡云纹、雷纹等，仍然是采用青铜容器上的花纹，后者如山字纹、花菱纹、禽兽纹、蟠螭纹等，是适应铜镜的特点而设计的。战国时代的铜镜，绝大多数为圆形，少数是方形。有的镜由镜面和镜背分铸配合而成，镜背铸出透雕式的兽纹和蟠螭纹。个别的镜则用金银错出各种生动、复杂的花纹，十分精致。各地所铸铜镜具有一定的地方特色。

山字纹镜：是战国时期特有的一种镜纹，主纹为斜山字。在出土的楚国镜中，山字纹镜占80%左右，一般多见四个山字为纹的，晚期也有五个、六个山字为纹的。

菱纹镜：双菱纹是菱纹以大小两种形式出现，也有四个双菱纹以方形联结，构成复杂的几何图案，称方连纹。双菱纹的出现较山字纹晚。

四叶纹镜：流行于战国中期。主纹作四片叶的形状。也有称四叶为四瓣花纹，认为是花不是叶。又因此镜流行于南方楚国，而荷花是楚国有象征性的植物，故又认为是对荷花（也称芙蓉）的表现。

夔凤纹镜：这种镜纹常在方形纽区的两角，各饰一只夔凤，作展翅扬尾的飞舞状。

蟠螭纹镜：主纹为方形蟠螭纹，成盘绕重叠的镂空状装饰。在江苏涟水出土透雕蟠螭纹镜，形制特别，无川字钮，而在

镜边缘附以三个活环，这种形式，山东临淄也有发现。

▲ 战国　镂空镶嵌几何纹镜
直径12.7厘米。估价8万—10万元。
桥钮，圆钮座，钮区作四叶纹，镜背由透空的几何纹带构成，整体纹饰以镶嵌绿松石为地，镜面与镜背分铸后嵌合为一。

连弧纹镜：连弧纹是弧线相连的一种纹样，通常装饰在镜的边缘，也有在镜中部或与钮座相连。连弧纹只是一种，还有其他纹样与其配合，如"连弧夔凤纹镜"，钮座周围有柿蒂纹，镜的中间为双夔双凤纹，外缘有十二弧线相连，边为弦纹。

四虎镜：战国时代青铜铜镜直径12.2厘米，镜背的纹样分为四个等分，有浮雕的四只老虎。虎头居中，口噬纽座，虎颈部饰有毛片，虎身饰以雷纹，据考证是三晋地区的风格。青铜镜现藏于上海博物馆。

四龙镜：镜背纹样分作四等份，每一部分的中间有一个正面的龙头，长尾向前，作盘曲状，并以云纹作为地纹。

此外，战国铜镜中还有无主花的纯地纹镜，地纹主要有回纹、羽状纹等。

羽状纹形似羽毛，尖端卷曲，并有高低深浅效果。

汉代是中国古铜镜发展史上的第二个高峰，汉代宫廷用镜由少府右尚方制镜。民间制镜业也很发达，铜镜在民间流行，并成为国际贸易商品。

▲ 春秋　交龙纹手镜

　　直径7.5厘米。中国嘉德国际拍卖有限公司2008年拍卖，成交价5.6万元。

　　瓦钮，圆钮座，其钮上有斜线纹，主纹饰为交龙纹，十二条龙分为六组，龙体作交连状，饰有斜线，边缘饰有一圈云雷纹。

▲ 战国　虎纹鎏金镜

　　直径9.1厘米。中国嘉德国际拍卖有限公司2008年拍卖，成交价3.36万元。

　　鼻钮，圆钮座，一圈云纹把纹饰分为内外二区，内外区共饰十三只变形虎纹，通体鎏金，精美绝伦。

西汉铜镜

西汉前期铜镜盛行"战国式镜"的"蟠螭纹镜"、"夔龙纹镜"，"四叶纹镜"、"连弧纹镜"、"云雷纹镜"等；但有所改进，开始出现铭文；而且又在流行的"蟠螭纹"中现了新的"规矩纹"等，丰富了铜镜社会内涵而又增文史价值。

汉武帝时之西汉中期，铜镜的形制和饰纹大变，已形成了"汉式铜镜"的新风采。特点是：平缘居多；断向再无内凹弧形；"战国式铜镜"上常见的地纹消失了，镜钮由流行的伏兽钮、蛙钮、连峰钮过渡变为盛行久远的半球形钮，镜背饰纹以中心对称布局构成居多，还有以中心为同心圆的重圈式结构、以中心为放射式结构，以及以方形四边为四分结构与重列式结构等。带铭文的铜镜增多，出现长铭文以至全铭文镜，铭文又多为吉祥文、

▲ 西汉　大乐富贵博局蟠螭镜

　　直径17.9厘米。估价1万—2万元。

　　弦纹钮，伏螭纹钮座，座外方格内铭文："大乐富贵，得所好，千秋万岁，延年益寿"，主纹饰为博局纹，其间满饰蟠螭纹。

韵文，更多明显地体现了贵族的生活意识和时代风尚。汉式镜有较统一的形制和饰纹，几乎没有地域风格的区别。

▲ 西汉　长宜子孙变形四叶镜
直径19.3厘米。估价0.8万—1.5万元。
半圆钮，纹饰为变形四叶纹及瑞兽。

▲ 西汉　君忘连弧纹镜
直径16厘米。崇源国际拍卖（澳门）有限公司2007年拍卖，成交价3.45万元。
圆钮，连珠纹钮座。其外各有一圈短斜线纹、凸弦纹以及八内向连弧纹，连弧纹带之中有简单的纹饰。

▲ 西汉　连弧铭文镜
直径9.8厘米。北京中拍国际拍卖有限公司2009年拍卖，成交价2.128万元。
圆钮，纹饰简约。

王莽时期铜镜

王莽时期是"汉式镜"制作工艺最精美的时期，并在铭文中出现了纪年。此时流行"规矩纹镜"。"规矩纹镜"是因为这类铜镜的主纹区内有形如"T"，"L"、"V"等外文字母的框而得名。在"T"、"L"，"V"饰框间有用疏朗细线组成的"四神纹"、"鸟兽纹"和子、丑、寅、卯等"十二时"的文字。在主纹区外为环状布列的铭文、齿文，最外缘是云纹，整个构图除中间为动物图案外，均为许多同心圆组成，收到稳定而严谨的艺术效果。有许多外国研究者认为"规矩纹镜"是受西方文化影响而形成的，并称此类铜镜为"TLV镜"。经研究证实：此类铜镜中的"T"、"L"、"V"形的饰框并非是外文字母，而是中国古代宴乐时常用的一种博具上的棋格。

在马王堆汉墓中出土了这类博具，在后来出土的日晷、压胜钱上也有这种饰纹。"规矩纹镜"一直流行到东汉。

典型的作品"规矩四神镜"，纽区装饰有四出心形的叶片纹，外括二道方栏围成的内区，内区由十二枚对称排列的乳钉及十二生肖字铭组成；主纹区由四组对称的"T"、"L"、"V"及四神纹组成，间隙处又均衡布置有凤鸟、灵兽、羽人等。铭文"尚方作竟大毋伤，左龙右虎辟不祥，朱雀玄武顺阴阳，子孙备兵居中央，长保三亲乐富昌，寿敝金石如猴王。"为篆字阳文，环状布局。铭文带处又有三道锯齿纹，一道弦纹，一道绳纹所组成的同心圆饰带，形成节奏优美的适合纹样，极富装饰性。

▲ 新莽时期 "新家"规矩镜

直径16.55厘米。中国嘉德国际拍卖有限公司2006年拍卖，估价6万—8万元。

圆钮，圆钮座，钮座外置八乳钉，间有"长宜子孙"四字铭，主纹饰为规矩纹，内有青龙、白虎、朱雀、瑞兽等。

因主纹不同，可分为几种主要镜式。螭形镜由四条成S形的螭龙组成，中间配以内乳钉，这种镜纹到东汉时简化成对称

的两条夔龙，称双夔纹镜。草叶镜纽区为方形，四周配以图案化的草叶。汉武帝后，外区饰同心的重圆组织，连弧纹改饰内区，铭文成主要装饰，故以铭文为镜名。如日光镜，因其字铭为"见日之光，天下大明"而得名；昭明镜，也因其字铭为"内清质以昭明，光辉像夫日月"而得名。但汉镜中有增字或减字现象，这是制模时产生的缺陷，也可视为时代特征之一。

东汉铜镜

东汉前期的铜镜，以"方格规矩镜"与"连弧纹镜"为主，"连弧纹镜"是由西汉"日光镜"、"昭明镜"衍化而来的新镜式。东汉中后期流行"兽首镜"、"夔凤镜"、"盘龙镜"、"双头龙凤纹镜"，都以图案化的动物为图纹。在长江流域，从东汉中期开始神兽镜和画像镜。

▲ 新莽时期 "新有善同"规矩镜

直径13.9厘米。中国嘉德国际拍卖有限公司2006年拍卖，成交价2.2万元。

圆钮，柿蒂纹钮座，主纹饰为规矩纹，内饰青龙、白虎、朱雀、瑞兽、羽人，外有铭文。

▲ 东汉　素连弧纹镜
　　直径8.5厘米。现藏台北故宫博物院。
　　圆镜，圆钮、圆钮座。内区饰连弧纹。

▲ 东汉　星云纹镜
　　直径13.6厘米。现藏台北故宫博物院。
　　圆镜，圆钮、四叶纹钮座；内区饰交织纹与博
局纹，外区饰连弧纹。

▲ 东汉　位至三公镜
　　直径9.2厘米。现藏台北故宫博物院。
　　圆镜，圆钮、四叶纹钮座；钮座间有铭四字，
外饰连弧纹。

　　在镜的形制方面，东汉中后期，半球状的镜钮有加大的趋向，有的呈扁平的圆形。镜缘除平缘以外，还出现了断面呈三角形的所谓"三角缘"和"斜缘"。镜上的花纹，除对称于镜的圆面中心的所谓"心对称"式的以外，开始出现了对称于镜的圆面直径的所谓"轴对称"式的花纹。

　　神兽镜：以东王父、西王母等神像和龙、虎等兽形为主纹。画像镜除神像和兽形以外，还有车马、歌舞、历史人物、传说故事等图像。两者的图纹都很丰富而复杂，其纹样是浮雕式的，有一定的立体感。神兽镜和画像镜的出现，使南方铜镜与北方铜镜开始产生了一定的差别。

　　连弧纹镜：战国时的连弧纹在汉代继续流行，西汉早期多装饰在边缘，依中区主纹的不同又有星云纹镜、螭形镜、草叶镜等之别。

　　星云纹镜：实际是由蟠螭纹演变而来，因乳钉甚多，又称百乳镜。

　　蝙蝠纹镜：流行于东汉，蝙蝠纹是由柿蒂纹演变而来，形式感很强，纽区为方形，有"位至三公"等铭文。三公是负责军政的长官，西汉时为大司徒、大司马、大司空，东汉时为太尉、司徒、司空。

画像镜：流行于东汉中期以后，主纹为浅浮雕形式，内容有东王公、西王母、神仙、羽人和男女歌舞，奏乐、骑射等。这类镜主要出自浙江，约占当地出土汉镜的九成。

方铭镜：流行于东汉，铭文饰在铜镜四周一圈突起的半圆和方块上，多表现神仙禽兽等题材，也称神兽镜。

阶段式镜：流行于东汉后期献帝的建安时期也称建安式镜。图案作一个方向的阶梯形排列，题材也以神兽为主。

方铭镜：以铭文作为主纹，在铜镜的四周有一圈突起的半圆和方块，上面装饰铭文。

东汉铜镜的铭文，有长短两类。长铭如"尚方作竟真大巧，上有仙人不知老，渴饮玉泉饥食枣，浮游天下海多为"七字句。短铭如"长宜子孙"、"位至三公"。有纪年铭的铜镜也逐渐增多。铭文中往往言及制镜者，如"尚方作竟"、

▲ 东汉　直行铭文双夔（凤）纹镜
　　直径8.3厘米。现藏台北故宫博物院。
　　圆镜，圆钮、圆钮座；内区有铭四字、旁饰双夔纹，外饰线纹。

"王氏作竟"、"青盖作竟"等。"尚方作竟"说明系设在京师的少府尚方制作的镜，但私营的作坊也多滥用"尚方镜"的铭文。洛阳、广汉、会稽、吴郡等是当时铜镜的铸造中心。

汉代铜镜还有一种透光镜，当太阳光照射在镜面时，对面的墙壁上会出现铜镜背面上铸的饰纹。宋代沈括的《梦溪笔谈》写道："世有透光鉴，鉴有铭文，凡二十一字，字极古，莫能读，以鉴承日光，则背文及十二字皆透在屋壁上，了了分明。人有原其理，以为铸时薄处先冷，惟背文上差厚，后冷而铜缩多。文虽在背，而鉴面隐然有迹，所以于光中观。"近代研究表明，铜镜在铸造和研磨时，使镜面产生与背面花纹相应的曲率，引起透光效应。上海博物馆藏品有汉代透光镜一面。

三国时期铜镜

在东汉末期战乱中遭到严重破坏的中原铜镜制造业，在曹魏时期得到了恢复。宫廷用镜仍由"右尚方"负责生产，但所铸铜镜的式样仍为东汉时期流行的"兽面纹镜"、"夔凤纹镜"、"盘龙纹镜"等，依然是以图案化的动物形象为主要饰纹。曹魏时期的铜镜并不精巧，像曹魏时期盛行的"位至三公镜"，镜体厚重，镜钮也显得很大，饰纹也很简单，多以连弧纹为主；有的则以夔凤纹为锦纹，只是在镜背面有"位至三公"的铭文。这种铜镜是由东汉末期"双头双凤镜"演变而来，在风格上依然是汉代的特色。

▲ 三国时期　四叶八凤镜

　　直径16.5厘米。北京万隆拍卖有限公司2008年拍卖，成交价1.65万元。

　　主纹为高圆浮雕技法制作的一龙一虎，两者夹钮左右张口对峙，其外为铭文一周，再外为辐线纹一周。边纹由锯齿纹、双线波浪纹等纹饰。

　　曹魏铜镜还传到日本。在日本国古坟时代墓葬中发现过300多枚铜镜。这批铜镜的直径在20厘米左右，缘部隆起，断面呈三角形，和东汉后期的"三角缘铜镜"相同。镜背的饰纹是东王公、西王母等神像和龙、虎等神兽，故被称为"三角缘神兽镜"。从铜镜浮雕鱼尾纹的构图来看，以求心式构图居多，同向式构图较少。镜背的铭文也有长短两种。一种铭文较短，是在若干个方格内重复使用的"天王日月"四个字。较长的铭文，则内容较多，如"尚方作竟佳且好，明而日月世稀少……""陈氏作竟用青铜、上有神仙不知老……""吾作明镜、幽炼三刚，镜出徐州，师出洛阳……"这批铜镜的形制、铭文和饰纹确实具有中国铜镜的特征。何况有的铜器铭文中还有"景初三年□始元年"等，因此日本学者认为这批铜镜确实是曹魏皇室赠予日本邪马台国女王卑弥呼

及其继任者壹与的。

　　三国时代割据江东的吴国，因为未受战乱的影响，经济发展较快，铜镜铸造业仍比较发达。吴郡的吴县，会稽郡的山阴和江夏郡的武昌，是吴国最著名的铜镜产区。所铸铜镜，不仅有中原地区流行的式样，而且还继续保持"画像镜"、"神兽镜"的艺术特色。以东王公、西王母等神仙和以龙、虎等神兽为主要装饰图案的"神兽镜"产量最大，在图案的构图上也有"同向式"、"重列式"、"对置式"等新的变化。以神仙，神兽加上车马、歌舞以及历史民间传说故事为主要装饰图案的"画像镜"，也有了新的发展。出现了以佛像为装饰图案的"画像镜"。

▲ 三国时期　变形瑞兽对凤镜

　　直径18.5厘米。中国嘉德国际拍卖有限公司2007年拍卖，成交价3.024万元。

　　圆钮，圆钮座，采用平雕剔地制作方式，座外圆圈带放射出的四桃形叶间有四对凤，叶瓣内各饰一龙。

　　伍子胥画像镜：直径20.7厘米，镜背的图案是以四个圆点为界，分作四份，有忠臣伍子胥、越王、范蠡等名字。吴王夫差，举一手端坐在帷帐中，右面是伍

予胥，裂眦散须，怒发冲冠，仗剑作自刎状。吴王左边是越王句践及范蠡。越王执节而立，范蠡席地而坐。反映了历史上吴越争霸的故事。汉代人重儒家，提倡忠臣孝子，在汉代绘画中有很多这类的故事。

车马画像镜：铜镜直径23.2厘米，名为车马画像镜，其实在镜子背后的纹样中，车马仅仅占了一小部分，有的在镜的外缘，有两匹马驾车，车后有一个拿着武器的骑士，像是侍卫；有的则是二条龙驾车，车轮作云雷状，车上有神仙、羽人和侍者；也有作四马或六马驾车的，都好像是《九歌•东君》所描写的那样。

在湖北鄂州出土了一面三国东吴"佛像夔凤纹镜"，圆形，圆纽，四瓣柿蒂形叶伸向镜缘，将镜背分为四个区，各区中有对凤鸟；在四叶瓣须中三瓣各有尊佛，头戴顶光，坐在两头带龙首的莲花座上。

▲ 三国时期　重列神兽镜

直径12.3厘米。中国嘉德国际拍卖有限公司2006年拍卖，成交价1.1万元。

扁圆钮，五层神仙，瑞兽横向列置，外一周铭文带，有："吾乍（作）目（明）竟，三商……"黑漆古，品相佳。

▲ 三国时期　变形四叶对凤镜

直径11.85厘米。中国嘉德国际拍卖有限公司2006年拍卖，成交价5.5万元。

圆钮，圆钮座，钮座外委角四方形接宝珠形四叶纹，委角四方形内置"长宜师命"四字铭文，四叶间为对凤纹。

另一个瓣中有三尊佛，居中一佛坐于莲花座上，两侧有一跪一立的胁侍。镜缘上的16个半圆弧中有青龙、白虎、朱雀等祥瑞动物。东吴铜镜还有做工精良、镜背镀金的高档品。铜镜铭文中除纪年外还常见工匠姓名，如"会稽师鲍"，"吴郡胡阳张元"等。

蜀国的铜镜发现得较少，在甘肃天水出土过一面蜀国铜镜，圆形，径14.7厘米，重450克。铜镜背外圈有一组隶书体的铭文"章武元年二月作镜，德扬宇宙，威震八方，除凶辟兵，昭民万方。"内圈是一对围绕镜纽蟠螭纹。章武元年是公元221年，也是刘备称帝的头一年。此镜的铭文显然是颂扬刘备登基的溢美之词。此镜的饰纹和铭文与东汉铜镜明显不同，说明蜀国铜镜有独特的风貌。

魏晋南北朝时期的铜镜

魏晋南北朝时期的铜镜，虽然有创新，但始终未能突破"汉式镜"制式，在做工和装饰风格上依然是"汉式镜"的余韵。故魏晋南北朝的铜镜在金石学的研究中并不能自成一体。两晋至十六国时期，由于战争，中原地区的铜镜制造业处于停顿状态。偏安江南的东晋，社会尚稳定，铜镜继续发展，但在铜镜的制作上出现了简化和实用的趋向。在南北朝时期铜镜的制作又渐兴旺，但铜镜的式样没有多大变化，饰纹的装饰题材却在丰富。有的铜镜做工也日渐灵巧。

▲ 六朝　博局仙人瑞兽镜

　　直径18厘米。估价6万—8万元。
　　半圆钮，圆钮座，座外凹面双线形成方框，内置四乳，主纹饰由博局纹分为四区，各区均构一仙人及口含宝匣之瑞兽，似为斗兽之格局，博局纹内饰兽头及鸟头，此镜纹饰即有汉代典型的博局纹及锯齿纹缘风格，也具备隋代瑞兽风格。

纹饰

佛教题材增多。由于佛教的盛行，佛、菩萨、飞天、佛教法器、祥禽瑞兽、缠枝纹、忍冬纹、莲花纹、宝相花纹，都成为有特色铜镜装饰题材。如"佛像夔凤纹镜"是在变形四叶或连弧纹中刻画有佛像、飞天和禽兽。传世品中见于著录的有四块，分别是日、美、德三国的博物馆所收藏。作品的年代为三国和晋代。

反映民俗和民间神崇拜的装饰题材出现了。如"四神十二生肖纹镜"为圆形、圆钮、连珠纹、柿蒂纹和花瓣纹的钮座。镜背内区以青龙、白虎、朱雀、玄武作四个方位配置。外区则为十二生肖，做十二格排列，每个格内有一种生肖。最外边为锯齿纹，素缘边。"四兽纹镜"圆形、圆钮，钮座为方形，四边饰有四个直角，直角之间有一只奔跑的兽，形象活泼，共有四只。外缘常饰有连珠纹、锯齿纹、铭文带或兽纹带。

出现了中亚的纹饰。如"葡萄海马铜镜"，不仅在纹饰上显示出中外文化交流的影响，而且工艺上也很有特色。马蹄的关节被镂空成小孔，显示出装饰图案的精巧。

▲ 六朝　瑞兽纹镜

　　直径14厘米。现藏台北故宫博物院。
　　圆镜，半球钮、圆钮座。镜背饰四浮雕瑞兽，镜缘则有一凸棱及三角形纹。

铭文

出现了迎合文人士大夫崇尚清谈的文字铭铜镜。例如"娇来回文诗镜"的铭文是："团团宝镜，皎皎升台，鸾镜自舞，照日花开，临池似月，睹貌娇来。"正读反读均可为诗，但这种回文诗，多为牵强之作，并非有多高的艺术水平。文辞隽美、文学性较强的铭文镜也有，如"灵鉴"铭文是："美哉灵鉴，极极神工，明凝积水，净若澄空，光凝晋殿，影照秦宫，防奸集祉，应物无穷，悬书玉篆，永驻青铜。"

隋唐时期铜镜

隋唐盛世，铜镜铸造业又兴盛起来。其形制、花纹和铭文等都与汉式镜大不相同，呈现了全新的面貌，故史称为"隋唐镜"，这是我国历史上工艺水平最高的铜镜。中唐时期，还出现了使用镀金、贴银、金银平脱、螺钿和宝石镶嵌等特种工艺技法的精品唐镜。

▲ 六朝　铜镜
现藏南京博物院。

▲ 六朝　三段重列式神人镜
直径14.4厘米。中国嘉德国际拍卖有限公司2007年拍卖，成交价3.92万元。
圆钮，圆钮座，两条夹钮的平行线条将镜背分为上中下三段，上段中部一龟，龟背顶起一华盖，华盖柱左侧一神四侍者，右侧为五个侍者，中段两组神仙人物隔钮对置。

铜质

盛唐铜镜，镜面银白闪亮，映影十分清晰。这是在青铜合金中加大了锡的比例，使铜料色质如银，制成的铜镜青光闪闪，镜面格外平光亮。若有残镜，可从断面看出唐镜碴口较齐，质地也较汉镜细密。晚唐至五代铜镜，所用铜质较差，为银白闪黄红。

形制

隋代和唐代初期，镜多为圆形。唐代中期以后出现了方形、葵花形、菱花形、亚字形、荷花形、宝相花形、四方委角花式等，偶尔也有钟形、盾形和其他变形镜，并出现了有柄铜镜。其中，（八出）葵花形、（八出）菱花形、亚字形是唐代新创的镜式。有些铜镜是做成三件一套或五件一套使用的。还有一种做工极讲究的超小型铜镜，大小若银元，为袖珍镜。镜纽以圆形纽居多，也有兽形纽、龟形纽和花形纽，但唐代镜纽均小于汉代镜纽。

▲ 隋末唐初　十二生肖镜

　　直径12.4厘米。现藏台北故宫博物院。

　　圆镜，圆钮、圆钮座，内区饰异兽，外区饰十二生肖。

▲ 唐代　花鸟纹菱花镜

　　直径19.3厘米。现藏台北故宫博物院。

　　圆镜，作八尖瓣菱花形、圆钮，镜背饰花卉与鸟纹。

纹饰

　　隋和初唐时铜镜纹样与汉式镜相仿，主题纹样以四兽、六兽、四神为主，间以流云相衬。盛唐时，出现大量新纹样，瑞兽、凤凰、鸳鸯、花鸟、蜻蜓、蝴蝶、葡萄、团花、宝相花及嫦娥奔月、王子晋吹箫引凤、仙人、月宫等神话传说。其中还有来自中亚和西亚的图案，如"醉击鼓弄狮子图"、"骑士队玩波斯球图"。有些铜镜在构图上运用散点、适形等章法，不再拘泥于从镜纽到边缘的同心圆布局的程式，不再强调与镜的中心对称或左右对称了。唐代晚期，纹饰趋于简单，"八卦双鸾"是新出现的纹样。五代铜镜仍是唐代风格，民间多沿用唐镜，即使铸制新镜也没有新镜式问世。

　　骑猎铜镜：背纹是四个手持弓、箭、长矛的骑士，两马之间有一只野兽在匆匆逃亡。骑士追捕的神态都非常生动，是唐代贵族狩猎的情景。

　　双寓镜：唐代著名的青铜，镜纽的两侧有鸾鸟成双，有的作鸾鸟衔绶带，伫在花枝上，纽的上下还有云山和花枝。这些铜镜大多采用葵花边式。

▲ 唐代　葡萄纹镜

　　直径9.4厘米。现藏台北故宫博物院。

　　圆镜，圆钮、花瓣纹钮座，内区饰葡萄纹，外区饰卷草纹。

鸟兽葡萄镜：又叫海马葡萄镜、禽鸟葡萄镜，镜背用花鸟蛱蝶纹为边饰，中间才是累累的葡萄、起舞的狻猊和瑞兽等交错的纹样。浮雕富丽堂皇。流行于盛唐和中唐。

▲ **唐代　海兽葡萄纹镜**
　　直径13厘米。现藏台北故宫博物院。
　　圆镜，蛙形钮。内区饰海兽葡萄纹，外区饰飞鸟葡萄纹。

月宫镜：又称为"月宫嫦娥镜"，镜背居中是一棵桂树，镜钮是桂树的一部分。左侧是玉兔执杵捣药，下边有一蟾蜍。座右侧是嫦娥在起舞，整个是描绘月宫的景象。

孔雀葡萄镜：背面的周边是缠枝葡萄串和各种姿态的飞鸟。中心是孔雀和狮子相间的浮雕，也衬托着孔雀葡萄镜。图案非常精细。

三乐镜：图案分作四等份。左面持杖举臂的是孔子，右面持琴的是荣启期，上方有三行九个字："荣启期问曰答孔夫子"，下面为柳树。

螺钿镜：螺钿又名螺甸、螺填、铀嵌、陷蚌等，原来是漆器工艺的装饰手法。唐代匠师是把这种装饰手法移植到铜镜的制作上来，开创了铜镜制作的一代新风。其制作方法是先在铸好的铜镜背面多次髹漆，然后嵌入事先按图案裁好的螺钿片，待漆干燥后再磨平，露出铀片，最后

▲ **唐代　海兽葡萄纹镜**
　　直径11.8厘米。现藏台北故宫博物院。
　　圆镜，蛙形钮，内区饰海兽葡萄纹，外区饰飞鸟葡萄纹。

▲ **唐代　孔雀海兽葡萄镜**
　　直径17.7厘米。中国嘉德国际拍卖有限公司2005年拍卖，成交价7.92万元。
　　伏兽钮，内区四兽二孔雀相间列置，外区瑞兽、雀鸟、蜻蜓、蝴蝶相间环绕，葡萄及叶蔓铺地，此镜尺寸大，厚重形，版模好。

在螺钿片上刻画细部，成为完美的图案。螺钿镜以工艺新颖、制作精湛被称为唐代特种工艺镜，代表了唐代铜镜制作工艺的高度发展水平。唐代螺钿镜流传下来的实物非常少，迄今考古出土仅发现两件。其中有一件花鸟螺钿镜，是在河南省洛阳涧西出土的，直径23.4厘米，现藏于中国国家博物馆。

▲ 唐代　螺钿镜

　　直径23.4厘米，1955年河南省洛阳涧西出土，现藏于中国国家博物馆。

　　主题纹饰有人物、宝相花和鸟兽等。漆地为黑色，螺钿为白色，黑白分明，光彩莹润，精致细巧，华丽秀美。

铭文

　　一般不用纪年，亦不记工匠的姓名。以四言句为最多，五言句次之，都属骈体诗文式。其内容如"灵山孕宝，神使观炉，形圆晓月，光清夜珠"，"赏得泰王镜，判不惜千金，非关愿照胆，特是自明心"等，以镜的本身为主题，字体都是正体楷书，与汉式铜镜多用篆体和各种减笔字相比，是不同的。

　　隋唐代四神镜与汉代四神镜虽然纹样相仿，但仍有如下区别：

汉代四神镜，主纹配置在四乳钉或规矩纹之间，镜背不分内、外区。铭文多有丢字缺笔现象。隋唐代四神镜，主纹配置在规矩纹之间，但规矩纹只有方框

▲ 隋代　昭仁德四神镜

　　直径16.5厘米。中国嘉德国际拍卖有限公司2007年拍卖，成交价2.464万元。

　　圆钮，方钮座，以简化为V字形的规矩纹分割四区，分别饰以四神纹饰，外圈一周铭文。

▲ 唐代　舞鸾纹葵花镜

　　直径19.8厘米。中国嘉德国际拍卖有限公司2008年拍卖，成交价20.16万元。

　　八瓣葵花形，半圆钮，钮两侧为对称舞鸾，钮上饰一枝莲花，对称式向两侧伸延，有莲花和花苞，一长尾鸟立于莲蓬之上吸吮花露，钮下方莲蓬上立有一对鸳鸯，枝叶向两侧延伸出荷叶及花朵，此镜纹饰大气，图案少见，白光，极为精美。

和"V"形符号，弦纹将镜背分为内、外区。铭文多铸于外区，多用篆书，无缺字少笔画现象。

唐代葵花形镜、菱花形镜在形制方面的特点是：镜面为微凸的球面，边廓以八出居多，弧形折转浑圆，有高凸的弦纹将镜背分为内、外区，且外区比内区高。这是与宋、金元葵花形镜、菱花形镜相区别的特点。

▲ 唐代　菱花镜
　直径10.9厘米。现藏台北故宫博物院。
　圆镜，作八尖瓣菱花形、圆钮。

宋代铜镜

宋代因避讳，称铜镜为"铜鉴"或"照子"。宋代在文化和科技上有较大的进步，反映在铜镜工艺发展上又出现了一个高潮。宋代冶铜很发达，宋太宗时达412万斤（唐宣宗时铜年采量为65万斤），到神宗时，则为1460万斤。宋代因战争、铸币等需要，多用于铸制佛像与铜镜，对铜料管理较严格。宋代铜镜的特点主要表现在铜镜的纹饰上。宋代

有比唐代更为庞大，更有文化修养的地主士大夫阶层，他们的审美观念代表了社会主流审美思潮。北宋山水画和花鸟画的勃然兴起，这种美学情趣很自然地会影响到工艺装饰，也必然会反映到铜镜的装饰艺术上来。因此，宋镜的装饰题材中多为写生画的缠枝花草、鸟兽鱼虫、山水楼台、小桥流水人家以及陶醉在自然美中的"隐居"者，并以精细的浮雕将对意境的追求表现出来。这样的纹饰显示了强烈的时代感。

铜质

宋代铜镜铸得比较薄。铜合金中含锡量下降，含铅量、含锌量都增大，铜质因此呈黄中闪红，镜面没有唐镜那种银白光亮，没有唐镜漆黑美丽的锈膜。

形制

宋镜形制多样，除有圆形、方形、葵花形、菱花形、亚字形外，还有带柄镜、

▲ 宋代　宝相花纹镜范
　直径13.1厘米。现藏台北故宫博物院。
　圆镜镜范，中央作连弧纹，镜范内层阴刻朵花纹，外层阴刻宝相花纹。

▲ 宋代　仙人仙鹤同春镜

直径16.9厘米。中国嘉德国际拍卖有限公司2008年拍卖，成交价2.016万元。

圆钮，钮左侧饰繁茂大树，树下一门半开，门外一人手持仙丹，散出烟雾缭绕，钮右侧一老者坐于怪石之上，侍童立于其旁，刻画灵动活泼。

▲ 宋代　八卦镜

直径11.8厘米。现藏台北故宫博物院。

圆镜，钮锈蚀。镜背饰八卦纹。

鸡心形、鼎炉形、钟形、桃形，突破了往昔单一的圆形、连弧形局限。北宋的铜镜，工艺不如唐代，但在形制和纹饰方面仍有唐镜遗风。如宋代葵花形镜、菱花形为六出弧式，且葵花、菱花弧中部平凹，镜钮改汉唐时期流行的大钮为小钮，钮顶较平，中孔比较大；有圆钮座、花瓣钮座、连珠纹钮座等。

南宋铜镜，因主要是湖州和饶州的"铸鉴局"所造，故多称之为"湖州镜"和"饶州镜"。在形制方面最突出的变化是有柄铜镜多了起来，镜背没有花纹，只是铸出长方形的印章，标明铸镜者的名号，如"湖州石家二叔"、"饶州许家"等。以浙江"湖州镜"、江西"镜州镜"以及四川"成都镜"等最为著名，广为流行。

▲ 宋代　真州镜

直径12.1厘米。现藏台北故宫博物院。

圆镜，作八瓣花形、桥钮、圆钮座。镜背饰花卉纹。镜沿有铭十字。

纹饰

镜饰多为缠枝花草纹、联珠纹，还有画像镜刻画人物故事、历史神话、风土人情等题材，花鸟走兽、龙凤瑞兽、吉祥纹样等，都相当丰硕多样，且相当精美，朴实疏朗、简洁雅秀，不受同心圆、对称式等传统程式局限，自由灵活创新布局。这都足以表证，宋、元铜镜虽然原料不足，仍然有新发展、新成就，并非已经衰退。

铭文

南宋镜铭文中有一种专铸商号纪名的，如"湖州真石家念二叔照子"、"湖州石念二郎真青铜照子"；有的是单标州名和铸镜匠人姓名，再后加"造"字。这种商号纪名字多者为三行，字少者为一行，是一种民间用镜。

宋代仿镜特点

铜质为黄铜质，呈黄中闪红状，质地软，无脆性；主要仿汉代镜中的目光镜、昭明镜、清白镜、画像镜、规矩镜、龙虎镜，仿唐镜中的葵花镜、菱花镜；纹饰不如原器清晰；部分结构不同于原器，如宋仿镜将唐代八出葵花镜、菱花镜改为六出葵花镜、菱花镜。锈色绿而深，有的是"绿漆古"。

▲ 宋代　仿新莽王氏镜

直径20.1厘米。现藏台北故宫博物院。

圆镜，圆钮、四尖瓣花纹钮座，钮座外有铭十二字、间饰乳丁纹，内区饰乳钉纹、规矩纹与卷草纹，铭文带四十二字，外区饰连山纹与卷草纹。

金代铜镜

有几个明显的特征：材质多为黄铜，白中呈黄色。纹饰较粗糙，带纪年铭的铜镜做工更差。素缘比宋镜宽，镜缘上錾刻有官府验记的字样，并有花押，花押的刻字，笔画细、清晰，字体有个人特点。纹饰以人物故事居多，像犀牛望月、柳毅传书、达摩渡海、对弈图、投壶图等。

金代仿镜主要仿汉、唐、宋镜的图案，镜体比宋镜大而厚。仿汉镜有星云镜、四乳"家常富贵"镜、日光镜、昭明镜、规矩镜、四兽镜，画像镜、清白镜、龙虎镜；仿唐镜以仿海兽葡萄镜最多，也仿菱花镜、葵花镜；仿宋镜有花卉镜、八卦镜、湖州镜。金代仿铜镜的镜缘上都錾刻有官府验记的文字和花押。

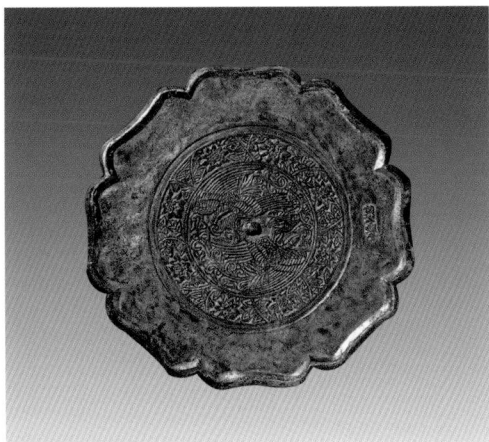

▲ 宋代　菱花形双凤纹镜

直径20.2厘米。中国嘉德国际拍卖有限公司2007年拍卖，成交价1.792万元。

八瓣菱花形，小圆钮，外有二凤绕镜钮展翅飞舞，二凤尾部不同，一为齿状羽毛长尾，一为卷草状羽毛长尾，外有凸弦纹。

▲ 金代　承安三年镜

　　直径8.8厘米。现藏台北故宫博物院。

　　圆镜，圆钮，内区饰瑞兽，铭文带二十六字。

▲ 金代　仿汉代画纹带环状乳神兽镜

　　直径19.8厘米。中国嘉德国际拍卖有限公司2007年拍卖，成交价1.848万元。

　　圆形，琉璃钮，圆钮座，东王公、西王母对置坐于两兽之间的龙凤座，伯牙弹琴，一侍在旁，对面为黄帝，旁有一鸾鸟，其外为半圆方枚一周，每方枚上一铭，镜缘由凤、鸟、兽、句芒、羽人导龙等组成刻画纹带。

▲ 金代　双鱼镜

　　直径15.7厘米。现藏台北故宫博物院。

　　圆镜，圆钮。内区饰双鱼，铭文带二十六字。

▲ 金代　胡人献宝故事镜

　　直径16.6厘米。中国嘉德国际拍卖有限公司2008年拍卖，成交价6.16万元。

　　圆形，半圆钮，钮上身穿胡服左手托起宝物，钮下饰二人，一僧侣手牵狮子，狮子口中含衔绶带，钮左、右各有树木。

元代铜镜

元代铜镜铸造都较粗糙，许多铜镜铸出纪年铭文，而无花纹。

铜质

黄铜质。

形制

镜体较厚，直径大；盛行六出菱花镜、六出葵花镜式，仍保持宋代六出菱花镜、六出葵花镜的形制特点。

纹饰

常见纹饰有双鱼纹、云龙、蕉叶飞鸟、缠枝牡丹、神仙人物、双龙等，新出现洛神、对弈图等。浮雕风格仍是宋代特点。许多铜镜仅铸出纪年铭文而无花纹。

铭文

元代铜镜的铭文简单，有纪年镜、吉语镜，但铭文很短。商标铭记也少了，多为一行商标纪年铭。有元代铜镜的素宽缘上，錾刻有"口验记记官（押）"字样，这是官府验记字样。

▲ 元代　大德元年镜
直径7.2厘米。现藏台北故宫博物院。
圆镜，镜背饰海上观音像，有铭四字。

元代仿镜特点

主要仿汉式连纹弧镜、唐代花草镜、宋代人物故事镜，铜质仍为元代黄铜质，多见黑地子，镜体较厚重，纽上平顶较大。镜缘较宽。

▲ 元代　缠枝花卉镜
直径35.6厘米。中国嘉德国际拍卖有限公司2008年拍卖，成交价100.8万元。
圆形，平顶圆钮，钮顶饰一朵旋转花卉纹，以镜钮为中心向四方伸出花蔓，四大朵花卉妖艳多姿，花瓣层叠，主次分明，似为象征富贵的牡丹花，大多花卉纹之外有八组叶蔓纹，每两组叶蔓纹对应一朵花卉纹，整体布局饱满，纹饰装饰性强。

▲ 元代　神仙人物镜
直径16.6厘米。中国嘉德国际拍卖有限公司2008年拍卖，成交价1.344万元。
圆形，小圆钮，钮左右各饰一神仙，上部飞鹤衔枝，下部饰乌龟漫步，纹饰左框内有"湖州杨家造"款。

明清铜镜

在清代中后期，从外国输入的镀水银玻璃镜逐渐普及，铜镜便不再是实用器而成为一种工艺品。仿古铜镜的制作则有较大的增长。

铜质

明代铜镜多为黄中闪白的黄铜质，清代镜多为黄中闪黄的黄铜质（含锡量约为5.1%，含铅量约为8.57%，含锌量为27%~23%）。

形制

明清铜镜的数量多，多用银锭纽，镜

▲ 明代　洪武廿二年云龙文镜
　　直径10.5厘米。现藏台北故宫博物院。
　　圆镜，扁钮，镜背饰云龙纹、一印记。

▲ 明代　准提咒文镜
　　直径9.5厘米。中国嘉德国际拍卖有限公司2008年拍卖；成交价8.96万元。
　　圆形，无钮，两面均有纹饰，镜背内饰莲花宝座及背向之牵手观音，外区铭文一周。

▲ **清代　百子镜**

直径47厘米。中国嘉德国际拍卖有限公司2008年拍卖，成交价24.64万元。

圆形，半圆钮，内饰童子百戏图，有人物四十六，其中老者二人，一袒胸露腹，一肩背花篮，童子四十四人，或抓周，或杂耍，或骑竹马，或持弹弓；有的展纸握笔，亦有憨态可掬凝眸而视者，生动自然。

体较厚，直径也较大，明代铜镜的器形多用宋代铜镜的式样。明清仿历代古镜，有宫廷仿和民间仿之别。明廷御用监、清廷造办处都是为了满足宫廷服饰器用需要而设立的。宫廷仿制古铜是为了后宫使用、赏玩，并非是一种文化复制行为，以追求工艺精巧、纹饰华美为特色，作旧（黑地

子）也很好；有的还配上硬木镜盒或镜架、镜套，非常华贵。

民间仿历代古镜是出于商业目的，是制作假古董。所仿镜式当以历代名镜为主。仿战国镜有日光镜、昭明镜、规矩镜、盘龙镜、龙虎镜、双凤镜、画像镜、蟠螭镜；仿唐镜有海兽葡萄镜、花鸟镜、

▲ **清代 昭武通宝文镜**
直径5.3厘米。现藏台北故宫博物院。
圆镜，圆钮，镜背有铭四字。

十二辰镜；仿宋金镜有人物故事镜、湖州镜、双鱼镜、铭文镜。纹饰种类不算多，镜缘直齐，棱角分明，也比宋元镜厚；为多见银锭钮，钮顶发平，平顶上有铸铭；黑地子作旧，没有黑漆古亮。

纹饰

以龙凤、鹿、花草、人物为主，新出纹饰有八宝纹和杂宝纹。

铭文

明代铜镜重铭文，有一类铭文悉如宋镜，语铭则多见"金玉满堂"、"鸾凤呈祥"、"长命富贵"、"状元及第"、"五子登科"等。有的则铸于镜钮上。商标铭记最后一字常用"造"、"铸造"、"记"、"置"、"办"等。还有太监铭等。

宣

炉

宣炉概述

古人需要焚香的事情很多，所以香炉的用途就十分广泛。香炉最主要的用途有三个：

用作薰衣

因古时还没有发明香水、香料，凡入朝觐见皇帝或拜谒尊贵人物时，必须将衣服薰香才算不失礼仪。因为社会上相习成风，即使平民的社交活动也大多这样做。直到清代乾隆时期，西洋香料传入国内，这种风气才停止。

书房的必备之器

古人读书必须焚香，一则是为了免除恶臭，使读者心中愉快，有益于理解及记忆；再则是刺激精神，便于诵读观阅，而且让人恭谨行事，以免懈怠，所以古人有"红袖添香夜读书"的诗句。

为了供祀神佛

这一点尽人皆知，现在仍流行这种做法，不再多说了。

古时焚香并没有专门的器具，大多是以铜器、陶器、瓷器、瓦器、木器、法花等器具代替。自从汉代丁缓制成博山香炉后，才有了专门的名称，然而特制的还不是很多。宋代制瓷业发达，喜欢多事的人开始烧制瓷香炉，但所制作的瓷香炉便于玩赏，却不利于焚香。明朝宣德年间创制的铜炉，开创了后世以铜铸炉的先河。所以讲到香炉，人们必然说到宣德炉。宣德铸炉的动机世间多有误传，有的说是宫中起火，金、玉混融在一起，宣德皇帝权且将其用来制造香炉。自从炉谱传到社会上后，才知道这是一种妄传。

▲ 明宣宗

朱瞻基（1398年—1435年），明仁宗朱高炽长子，永乐九年（1411年）立为皇太孙，数度随成祖征讨。洪熙元年（1425年）即位，年号宣德，成为明朝第五位皇帝。

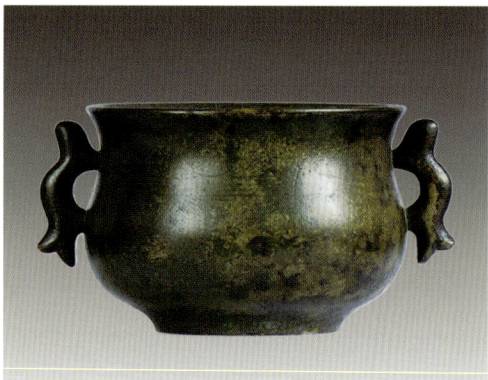

▲ 明代　蟹壳青戟耳宣德炉

高6.2厘米，宽11厘米，厚8.6厘米。

器口外撇、束颈，腹部略鼓下垂，矮圈足。光素无纹，器腹两侧饰对称双戟耳。器底铸阳文"大明宣德年制"六字楷书款。造型经典，器形线条过渡自然，显示出精湛的工艺。

宣德继承帝业时，海内升平，全国从上而下自然走上享乐之途。宣德皇帝点检内府藏物时，感叹古代流传下来的铜器太少，时常有增添铜器的想法。正好赶上暹罗国剌加满霭进献风磨铜几万斤，宣德皇帝于是就用它来铸造香炉。铸炉用的材料还有金、银等贵重矿物三十三种，并非只有风磨铜，不过是以风磨铜为主要原料罢了。具备了上等的原材料，冶炼技术也极其精妙。普通的铜经过四次冶炼就呈现出珠光宝色，即使千古所称颂的干将、莫邪宝剑也只是经过了六炼，而制作宣炉的铜最精纯的经过了十二次冶炼，最差的也经过了六次冶炼。宣炉之所以闻名于世，这是最主要的原因。

宣德所铸香炉计五千余座，各式各样的香炉全都俱备。其中最重要的有鼎彝炉、乳炉、鬲炉、敦炉、钵炉、洗炉、筒炉等，而且大多是仿照古代名器而铸，并非随意铸造。如商代的父巳鼎、召文方鼎、父乙鼎、鱼鼎、像形鼎，周代的夔龙黑雷鼎、文王方鼎、子父举鼎、素蟠虬鼎、丰方鼎、花足方鼎、纯素鼎、乙毛鼎、大叔鼎、益鼎等，都可以按照原器式样、大小、花纹、颜色等铸造。其他的有仿照唐代天宝局式的，仿照宋代祥符礼器图式的，仿照宣和博古图的，仿照元代丰礼器图的，仿照绍兴鉴古图的，仿照姜娘子式的及柴、汝、官、哥、定各窑瓷器样式的等等。

宣德炉中的上等器具，还有的用赤金鎏裹，或镶嵌金银丝片及碧瑱、马价、珠鸦、鹘青、祖母绿、桃花片等各种名贵宝石。仿造得既精美，用料又贵，这也是宣炉闻名于世的一个重要原因。并非只有这些因素，各器的耳、边、口、足等细微的地方，也都精心制作。耳的种类就有朝天耳、环耳等，不下五十余种。边则有二十余种，口也有十余种。即便是足，也有

▲ 清代　板耳三足宣德炉

高8厘米，宽19.8厘米，厚15厘米。

此宣德炉，肩部双板耳，底承三乳足，秀美挺立。炉的外底中央铸有"宣德年制"四字阳文篆书款。铜质精量，线条流畅圆润，包浆色泽凝重，气韵沉稳浑厚，为炉中佳品。

四十余种，真可以称得上是洋洋大观了。

从以上的叙述中可以知道，宣炉的确是非常宝贵的器物。其实宣炉之所以宝贵还不在此处，而是颜色之精妙。冒襄曰："宣炉最妙在色。其色内融，从黯淡中发奇光，正如好女子肌肤柔腻可掐，燕火久，灿烂善变。"项元汴说："宣炉之妙在宝色内涵，珠光外现，澹澹穆穆，而玉毫金粟隐跃于肤里之间，若以冰消之晨，夜光晶莹映彻，迥非他物可以比方也。"宣炉颜色的美妙，已经被二人道尽，达到了无以复加的地步。

▲ 清代　鬲式三足宣德炉

高5.7厘米，直径13.2厘米。

此件宣德炉由精铜铸造而成，铜质精纯。造型仿东周青铜鬲，包浆浑厚，色质静穆精纯，器呈盘口、束颈、底承三矮足，造型稳重端庄；外壁通素无纹，底落"大明宣德年制"双行六字楷书阳文款。

▲ 明代　穿金带凤眼宣德炉

高5.1厘米，直径11.1厘米。

此炉铜质精纯，平口外折，束颈，鼓腹，下具三足；口沿左右各饰一朝天耳，与器壁形成凤眼造型，炉腹金带环绕一周，器形华丽贵重；底落减地阳文六字楷书款："大明宣德年制"。

▲ 清代　竹节耳束肩宣德炉

高8.1厘米，宽14.6厘米，厚11.2厘米。

此件宣德炉器呈筒型，双竹节耳，口沿外起宽线，束肩，三足；底部阳刻"大明宣德年制"六字双行款识；铜质细腻，铸工精良，包浆温润，整体皮色极佳。

现谨将宣炉有名的颜色略释于下。

仿宋烧斑色，俗名铁锈花，即黄红之地套以五彩斑点。

仿古青绿色，与古铜器颜色相同，因用三代铜器的废铜制造，所以此种颜色最为珍贵。

朱砂斑，与朱砂色相同，有三种大片，即红片斑点、红斑长丝、红丝，都是很难得的。

石青斑，即石青色的斑点。

石绿斑，即石绿色的斑点，比石青色颜色深。

黑漆古斑，斑点为黑漆色，但不完全是光滑的黑色。

葡萄斑，斑点为深紫色，和葡萄色相近。

朱红斑，斑点为朱红色，比朱砂斑鲜红。

淡蓝斑，和石青斑相似，呈淡蓝色。

枣红色，红中带紫，如枣皮色。

猪肝色，比枣皮色淡，和猪肝色相似。

甘蔗红，比枣红色淡，但红色更深。

海棠红，比枣红色淡，红色也比甘蔗红淡。

桑椹色，即瓷彩中的胭脂水色。

石榴皮色，黄中带红，杂有各色斑点，和石榴皮相似。

茄皮紫，紫带青黑，和茄皮色相似。

▲ 清代　立耳连座宣德炉

高（带座）14.3厘米，宽15厘米，厚14.5厘米。

炉身呈扁圆形，炉口有折沿，其上有两个对称的环形立耳，其下有束颈和折肩，炉底三乳足，炉底铸"大明宣德年制"六字铭款；造型流畅圆润，生动自然的美感，铜质精良。

珊瑚色，淡红中带粉色。

琥珀色，金黄色，和琥珀色相似。

红黄色，红色比黄色浓重，二者混合而成的颜色。

杏黄色，深黄带浅红，和杏的颜色相似。

蜡茶色，黑黄中带白色，即深杏黄带黑色。

栗壳色，黑黄色，好像栗壳的颜色。

棠梨色，白黄色而发红，和棠梨之色相似。

秋白梨色，即棠梨色中的浅色。

山查白，颜色中最浅的。

骆色，白中带有红黄颜色。

褐色，黑白带红淡黄色。

▲ 清代　蚰龙耳洒金连座宣德炉

高（带座）8.9厘米，宽15.3厘米，厚11.5厘米。

此炉精通所制，束颈、撇口、圈足，局部洒金，双蚰龙耳，底部"大明宣德年制"六字阳文楷书款，并配底座，包浆浑厚，手头沉重，为不可多得之藏品。

▲ 明代　盘螭耳莲瓣炉

高5厘米，宽12.2厘米，厚12.2厘米。

此炉敞口，口沿微侈，鼓腹，圈足；双螭为耳，通体为精铜铸成；外底阳刻楷书"大明宣德年制"六字款；此炉铜质精良，色泽深沉，古朴自然。

▲ 清代　板耳宣德炉

高10.5厘米，长14厘米，宽17厘米。

此炉精通所铸，为方形、束口、鼓腹，底承马蹄四足，两侧饰板耳，器形厚重端庄；底部"宣德年制"四字款，包浆浑厚，皮壳漂亮，手头极重。

鳝鱼黄色，黄似鳝腹，有纹理。

藏经纸色，黑黄色，好像藏经纸的颜色。

水白色，浅黄色。

鎏金色，共有六种。全体流金的称为"赤金纯裹"；赤金流其下半部，称为"涌祥云"；流其上半部，称为"覆祥云"；只流其中腰的，称为"金带围"；金带围并点染朱砂斑的，称为"金带"；石榴红色施于金带围上的，称为"金带仙桃"。总之，这些都是以赤金流制而成。

渗金色，用赤金薰擦使之进入铜内，如渗入一样，共有三种形态。大片的称为"金片"；成点形的称为"金点"；大小相间的称为"雨雪点"。

泥金色，用赤金镀在铜器上，如鸡皮一般，色彩黯淡，而光鲜恰似泥金笺纸。

铄金色，用赤金混在铜内，看起来有碎金点的样子。

各种银色与金色称法相同，称为流银、渗银等。金银同用也是这样，称为流金银、渗金银等。

金银商嵌，以金银片或丝嵌成各种花纹。嵌金的称为"商金"，嵌银的称为"商银"。

绿色，即铜绿色。

鹦羽绿，俗称"鹦哥绿"或"孔雀绿"。

秋葵花色，淡绿带白黄，如秋葵花的颜色。

茶叶末色，深黄带淡绿，如茶叶末颜色，看起来像外挂瓷釉中搀有金点的样子。

蟹壳青，黑色带青，如蟹壳一般。

青瓷色，黑带蓝，如瓷器的青色。

水银古色，白稍带青黑，光亮闪铄如

水银。

铅古色，古铅色。

土古色，像旧玉的土沁色。

敷漆色，以各颜色为底，然后在上面敷上漆。

知道宣炉各种精美的颜色，也就理解了世人珍爱宣炉的确有珍受的原因，并非都是盲从附会。至于款字的完美，雕镂的精妙，还都在其次。

▲ 清代　乳钉足鬲式炉

高6厘米，直径6.9厘米。

此件宣德炉由精铜铸造而成，铜质精纯，皮壳完好，包浆浑厚。器呈双耳、束颈、底承三乳足，造型稳重端庄；外壁通素无纹，器底铸阳文"宣德"楷书款。

▲ 明代　玉堂清玩款桥耳三足炉

高11.4厘米，直径21厘米。

此炉束颈，鼓腹，圈底突出三乳钉状柱足，口沿上对称桥型耳，圈底中央减地阳文"玉清堂玩"楷书款；此炉外观端庄，器型混重，包浆油亮。

宣炉为何必炼

查考古时制作铜器，并没有炼炉的说法。宣德以前没有专门铸造的铜香炉，士大夫焚香除使用古铜器外就是使用陶器，所以炼炉是没有必要的。宣德铸造的香炉已是尽善尽美，无需再炼。究竟炼炉之风从什么时候兴起，或许是自宣炉流传于世而后兴起的。因宣炉颜色本来很好，但却常常被俗人所毁，有见识的人想恢复原来面目，于是有了炼炉的风气。

然而宣炉为何必炼，世人只知其然而不知其所以然，这里略以说明。

宣炉的制作材料属于合金，合金必需水银，水银混在金、银、铜质内，都能保持这些器物原来的光泽。但水银的熔点极低，常温以上就能使它挥发。但在铜质之内的水银，即使达到足以挥发的温度，也必定会变成固体物质，渐渐渗到铜质表面。宣炉之所以失去光泽，就是因为里面所含的水银流露到表面了。所以炼炉的原因就是使铸炉时所用的水银因加热而除掉，目的就是拂去宣炉表面的水银而显露出本来的面目。因宣炉的合金种类太多，也就是所含的水银很多，越炼则越纯，越拂拭则越明亮。这就是宣炉必须炼的原因。

水银质的化合物经火烧之后即浮露于表面，轻轻拂拭即可去掉。如果用力气揩抹，则会伤及宣炉本身，所以必须轻轻拂拭而不能用力去擦。对宣炉进行烧炼，就会使铜内所含的水银渐渐向外流出，从而使铜内所含的贵重成分显出本来面目，因而越烧越拂拭则越美丽。而水银是含在铜内的，使其流出来很是艰难，所以任何烧炼都不能完全清净。所以，宣炉颜色的进步是无止境的。即使是穷年累世对宣炉进行烧炼，也能令人对其光泽兴趣不减。

▲ 清代　双象耳宣德炉

口径23厘米。上海朵云轩拍卖有限公司2010年拍卖，成交价19.04万元。

敞口、折沿、弧腹、高圈足、双象耳；此炉精纯澄透的铜骨、质朴流畅的造型和柔腻温润的触感不输宣德，更胜其他，为清代仿明宣德炉之佳作。

▲ 明代　铜三象足六方炉

宽12.4厘米。北京保利国际拍卖有限公司2007年拍卖，成交价3.92万元。

带木盖铜质。六方式造型；口外侈，自口沿下斜收形成颈部和腹部，腹壁下斜，平底，三象首长鼻式足。

宣炉的仿制

　　自宣德年间成功铸成宣德炉之后，直到清朝乾隆年间，每时每刻都有仿制者。仿制精美的，足可以和宣德年间制作的相媲美。现将仿制中的名器略述如下。

　　仿制宣德炉最早是吴邦佐。吴邦佐为宣德时参与铸炉的一员，宣炉停止铸造后，吴氏就按照宣炉的制作方法，并雇用铸造宣炉的工人自行铸冶，所以他所铸之炉可以与宣炉相媲美。其款字为"琴书侣"或者是直书其名。同时期的还有高氏，名字不详，情形与吴氏相同，所铸的宣炉也甚为佳妙。此外还有且闲主人，姓氏不详，与高氏同时铸炉，也很精妙。其他仿制者也很多，但终究不能与吴邦佐相比。至玉堂清玩主人是严东楼，凡是严东楼收藏的宣炉，都是窃取无款的宣炉充为

▲ 清代　蚰龙耳雕龙宣德炉

高8.5厘米，宽18.8厘米，厚16厘米。

此炉口微撇，束颈，鼓腹，炉腹两侧雕饰蚰龙耳，外壁通素，器形古朴大方；底部浮雕双龙戏珠图案，两龙中间有六字阳文楷书款："大明宣德年制"。

▲ 清代　双螭耳宣德炉

高6厘米，口径10.3厘米。西泠印社拍卖有限公司2009年拍卖，成交价3.92万元。

此炉即是炉耳极为别致者，两只立体螭龙蜿转向上，精巧美观；原配红木炉盖嵌以寿山芙蓉灵芝钮。

▲ 清代　铜象耳大宣德炉

高30厘米。中国嘉德国际拍卖有限公司2005年拍卖，成交价7.7万元。

"大明宣德年制"款带红木银丝座。

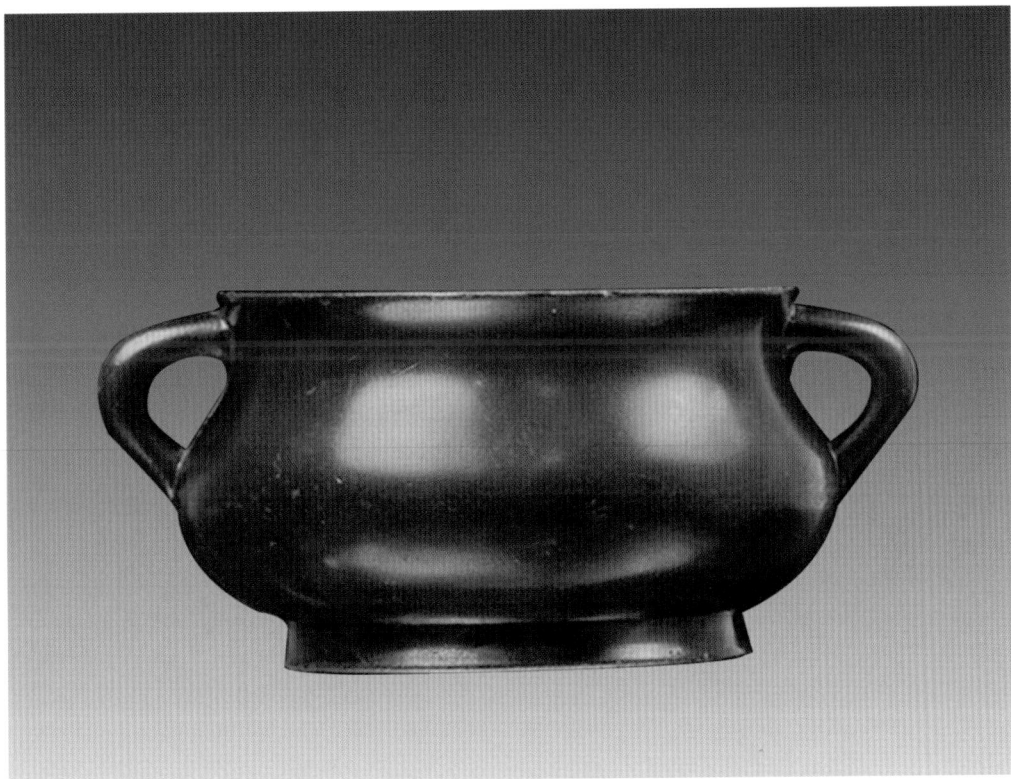

▲ **清代 虬龙耳枣红皮宣德炉**

  高5.5厘米，宽12.2厘米，厚9.7厘米。

  此宣德炉铜质精纯，外壁呈枣红色，凝稳亮丽，包浆滋润。器呈撇口、束颈、垂腹、圈足，双肩饰虬龙耳，器形典雅端庄。外壁通素无纹，打磨光亮。底落"大明宣德年制"三行六字楷书款。

己有，并不是他亲自铸制，所以玉堂清玩之炉不能列在仿制之内。

嘉靖初年，学道仿制的宣炉也很佳妙，可惜不知其人情况。万历、天启年间有施念峰，万历末年金陵有甘文堂、苏州的蔡家，都以仿制宣炉著称。以后，吴中的徐守素、周文甫等也以铸冶宣炉闻名于世。明末的汤子祥也是铸炉的好手。清雍正、乾隆两朝都极力摹制，只是都没有珍品产出，只有巴格仿制的宣器还能与宣德年间出产的炉相比，此外的都不很出名。

宣德铸炉总共不过五千余座，在当时深藏于宫内，平民百姓根本看不到。幸好仿制的能手广为冶铸，才使得人们大开眼界。仿制的伟大功绩是不应该被泯灭的。如今则世态沧桑，人事迭变，不仅宣德名器无法见到，即使是仿制诸器也很难看到了。宣炉的厄运竟到了这样的地步。

宣炉的伪制

伪制宣炉的人自古以来就很多，不是从现在才开始的，只是现在伪制的情况更为严重罢了。凡市面上所陈列的宣炉，不管其质量优劣，几乎全部是伪制器，伪制品之多也就可想而知了。现将其作伪的方

▲ **清代　铜鎏金高浮雕云龙双耳炉**

　　长35.5厘米，高16.8厘米。北京翰海拍卖有限公司2005年拍卖，成交价555.5万元。

　　此器形硕大，工艺精湛，纹饰精美，应为清宫旧物。从"诞膺天命，农用八政"八字，可知此炉为帝王祭祀天地的礼器，用之焚香。借袅袅青烟与天对话，祈祷风调雨顺，五谷丰登。

▲ **清代　仿古铜釉洒金双耳小炉**

　　宽14厘米。北京保利国际拍卖有限公司2009年拍卖，成交价67.2万元。

　　本品形制古雅，胎骨厚实，肩腹部两侧置对称蚰耳，通体均施仿紫金釉，并饰金彩斑纹，以仿古铜洒金之斑驳效果。

▲ 清代　双胡人耳海兽纹铜盖炉

　　长33厘米。北京诚轩拍卖有限公司2008年拍卖，成交价35.84万元。

　　款识："大明宣德年制"六字三行楷书款；炉身高大，采用胡人力士抬炉形式，力士形象生动，表情
夸张。

▲ 清代　铜桥耳三足大炉

　　直径23厘米。北京保利国际拍卖有限公司2007年拍卖，成交价84万元。

　　"大明宣德年制"款铜质；圆形器，唇边外侈，收颈，腹下垂，平底，三乳足；口沿上左右两边起桥形冲耳，为宣炉中大型器物，铜致密。

法略述于下。

　　前门大街路东有两个很大的挂货铺，专门以伪制宣炉为业。其伪制的技艺十分高超，伪制品也极精美，不是精于鉴别的人，常常被其欺骗。其仿制方法极其繁琐，先是由铺中派人到山西或在北京市面上收买大批铜炉，无论优劣、齐整破碎一概收购，收到后再分类作伪。这些伪制品的销售地有三个，一是北京市，二是蒙古，三是上海与国外。质量好的准备在北京本地销售，适合于焚香念佛的准备销往

蒙古，式样奇巧、完整无疵的准备销往上海与国外。

　　蒙古人喜欢金色宣德炉，不认识其他颜色的，所以销往蒙古的货物也必须符合这种心理。因此制成的准备销往蒙古的宣德炉，不论原来的颜色怎么样，均完全去掉，磨成光亮闪光如金即为成功。预销本市或上海的铜炉，首先也是完全磨去原来的颜色，只是再行敷上一种颜色才算成功。所伪作的颜色只有三种，一是瓦灰色，二是猪肝色，三是土

▲ 明代 "秋月款"压经炉

高5.7厘米，口径10.5厘米。西泠印社拍卖有限公司2010年拍卖，成交价33.6万元。

此炉造型典雅，线条简洁流畅，铜质极佳，在枣红皮色之下，雪花金含蕴于内，依约可见，是文房中难得的案间清赏。

红色。真正的宣炉并没有这三种颜色，所以现在市面上见到的这三种颜色的铜炉全部是这两个挂货铺的伪制品。其敷色的方法就是把各色颜料和炉一同放在釜中共煮，时间越久，颜色越深，至少需要煮五六天。因此，伪制成功一个宣炉总是需要半月的时间。

此外，打磨厂东大市、炭儿胡同等地，也有专门仿铸宣炉的。铸成之后再用颜料煮成各种颜色，其颜色种类也不出上述三种之外，其他颜色的也没有能力伪制。

只是这种宣德炉的伪制者完全为匠人，没有什么技巧上的变化，一个人只能仿制一种，稍一改变式样就不行了，所以世人很容易分辨出其为伪制器。十年前金价并不是很高，而金点炉的价格很高，作伪者便将旧品中的上佳宣炉敷上金点，冒充金点炉。现在市面上所见到的金点炉，十之八九是在当时所伪制的。

旧宣炉本来的颜色基本上都没有了，作伪者常将掉色的旧炉磨得光亮，然后放到电炉上用电火烧，于是成了五颜六色、

▲ 清代　雪花金錾耳炉

　　直径17厘米，高19厘米。北京长风拍卖有限公司2008年拍卖，成交价33.6万元。

　　该器物口微敞，束颈，折腹，口沿下饰双环耳，三锥足；水红铜浇铸，做工精细，款式古朴典雅，包浆明显，器底有"宣德年制"四字篆书款。

光彩闪光之物。市面上所见的黄绿灿然、颜色驳杂、极光耀、极美丽的宣炉，都是用此法伪制的。

　　真品宣炉的鎏金金质很厚，与故宫三大殿的金缸相同。现在有很多人将旧炉镀金以冒充鎏金的，并且大多为纯裹，不能做出涌、覆及腰围的式样。

　　私铸宣炉的上等佳品也很多。作伪者将私下铸造的宣器的款挖下，再另取合适的宣德款铸上，制作精细得看不出丝毫破绽。

宣炉的鉴别及价值

　　古玩中以宣炉的鉴别最为容易，因真伪之间相差很悬殊。通常以为难以鉴别的，只是因为没有见到过真品宣炉。如果见过真的宣炉，则真伪、优劣不用指示，自然就会全部明白。

　　真品宣炉的铜最精细的需要经过十二炼，最差的也要经过六炼。普通的铜如果经过四炼，则出呈现珠光宝色。而宣炉之

▲ 明代　铜象足弦纹炉

口径17.6厘米。北京保利国际拍卖有限公司2007年拍卖，成交价33.6万元。

平口外折，直腹，平底，三象首短鼻式足。腹间饰有一周弦纹；器外底饰交向双龙纹，二龙团成一圆，圆心有减地阳文六字楷书："大明宣德年制"。

铜本来就是最好的风磨铜，又经过前所未有的冶炼，其铜质之佳可想而知。所以鉴别的关键，就是翻转过来看底足所露出的铜质。如果质地不佳，其他的不用研究就能断言它是伪造的。

宣炉唯有色泽不可伪制。其色彩黯淡，奇光蕴藏在内，看上去像一件柔软得可以掐捏的物体。但靠近细看，颜色则像皮肤下面肉的颜色，用火烧烤则色彩灿烂多变。伪制的宣炉外表虽然光彩夺目，内质则是虚空干枯的样子。

真宣炉本来有样炉，上面没有款字，但早被各代添刻上了，现在绝对没有无款的真宣炉了。真宣炉款的字体虽然铸刻的不完全相同，但都是字字完整，款地明润，与炉色新旧程度相等。即使是芝麻地也颗颗圆熟晶莹，与炉身同色。伪造品都是生硬粗涩，一比便知。宣德款中各种字体都有，但以楷书居多。至于款字则只有宣、宣德、宣德年制或大明宣德年制等四种，其他十之八九都不是真宣。

无奈有多数鉴别名家还把许多私铸之

款当作真宣的。如"大明宣德五年监督工部官臣吴邦佐造"或"工部员外臣李澄德监造"等款，肯定是私铸或供献之器，绝不可能列为真宣。因为宣德只于三年铸炉，五年以后并没有铸炉，而且三年所铸炉不下五千余件，其中没有一个书写监督官之名的。更何况在专制年代，不奉皇上谕旨而臣工可以随意书款的，有这样的例子吗？假设准许书写，也必是尚书领衔，况且尚书下还有两位侍郎，侍郎下还有四个郎中，即使员外郎也有十数员，为何李德澄可以监造？由上可知这均是私铸之器，而不是什么真宣。不过，真宣也可以有六字以上的款，如勋铭鼎等，因有铭文记述它的原委。所以，款字较多而又没有其他理由的，都不是真宣。

至于价值，宣炉在当时就已经极其贵重，但佳妙之物现在已经见不到了。普通的宣炉式样玲珑、颜色完好的，如今市价没有数千元是购买不到的；如果颜色剥落，则只能与铜等价了。

景泰蓝

景泰蓝概述

景泰蓝是一种美术工艺品。其制作方法是在铜器表面用各种颜色的珐琅质涂成花纹，花纹的四周用铜丝或金银丝镶嵌，再用火高温烧制即可。这种制作方法是在明代景泰年间发明，刚发明时其颜色只有蓝色一种，所以起名叫"景泰蓝"。今天虽然各种颜色的制品都有了，但其名称没变，景泰蓝成了一种工艺品的名称，而不是颜色的名称了。

景泰皇帝是宣德皇帝的儿子。宣德帝重视铜器的制作及铜的冶炼，景泰帝在幼年期间耳濡目染，非常熟悉铜器的制作，而且非常喜欢铸造铜器。在铜器铸炼方面，宣德时期技术已臻完美，不可能有更

▲ 明代宗

朱祁钰（1428—1457年），明朝第七代皇帝，在位8年（1449—1457年）。景泰为其年号，约（1450—1456年）。

大的进步了，景泰帝就从颜色方面另辟蹊径，于是就有了景泰蓝这种发明。景泰帝在产品颜色的创新.方面费了很多功夫，所以研制成功后对景泰蓝非常钟爱，所有宫庭的陈设物、装饰物都用景泰蓝制造。成化帝继位后仍然继续烧制，所以景泰、成化两朝制造的景泰蓝器物最多。

▲ 明代　掐丝珐琅番莲纹盒

高6.3厘米，口径12.4厘米。现藏台北故宫博物院。

盖盒，铜胎，器形铸成八瓣莲花形。通体以掐丝珐琅为饰，盖顶平坦，饰莲心纹，各莲瓣内饰不同颜色的折枝番莲花，以浅蓝釉为地色。器底及盒内均光素镀金，器内底阴刻"大明景泰年制"，由右至左，单行楷书。

后来，弘治、正德、嘉靖、隆庆四个皇帝在位时也烧制景泰蓝，但只是出于效法祖宗的动机而支差应付，所以在质量和数量上都不能和景泰、成化年间制作的景泰蓝相媲美。万历登基以后，偶然才会烧制，并没有把以前设官置厂的情况看成是例行事务，所以从这一时期景泰蓝制作极少，现在很难看到了。这大概是铜器不会轻易损毁，前朝遗留的器物也足够多，而祖先留传下来的器物又万无毁弃摈斥的道理。对于百姓而言是这样，对于皇室而言就更是这样了。所以万历以后烧制的景泰蓝最少，

这是必然的结果。一直到明王朝结束，景泰蓝都没有得到过复兴。

▲ **明代　掐丝珐琅花卉纹狮耳象首三足炉**

　　高 8 厘米。上海朵云轩拍卖公司2009年拍卖，成交价53.76万元。

　　铜胎，侈口，斜壁，平底，狮耳，象足；洗内镀金，器表蓝地饰六朵番莲，外底铜镀金，镌剔地阳文"景泰年制"楷书款。

▲ **清代　景泰蓝海棠式四足炉**

　　高34厘米。上海朵云轩拍卖公司2009年拍卖，成交价20.16万元。

　　器为鼎式四足炉，双耳外撇，盖钮为镂空缠枝花卉，腹部为掐丝珐琅；工艺精美，线条流畅。

▲ **清代　掐丝珐琅夔龙耳长颈瓶**

　　高21.5厘米。西泠拍卖有限公司2009年拍卖，成交价100.8万元。

　　瓶为唇口，圈足，铜镀金，夔龙衔活环双耳；通体施天蓝色珐琅釉为地，饰彩色缠枝莲纹；底部镀金，镌阴文"大清乾隆年制"六字楷书款；此器造型俊秀，装饰富丽，釉色鲜艳，金色纯正；体现了乾隆时期标准珐琅器的风格。

　　清代从乾隆时期起，又开始制作景泰蓝，而且品种多、质量好。虽然比不上景泰、成化年间烧制的景泰蓝，然而与弘治、正德以后的景泰蓝相比毫不逊色。现在，虽然有题款康熙、雍正年间的景泰蓝出现，但是仔细观察，和乾隆时生产的差不多。其实，康熙、雍正时的景泰蓝都是乾隆年间制造的，只是刻有康熙、雍正年间制的题款，但是并不是康熙、雍正时期制造的。

景泰蓝的原材料很贵，成品其实也不是非常美观。西洋瓷器传到中国后，更是相形见绌，所以清嘉庆后景泰蓝再也没有恢复制造。同治时期，有来华的洋人以重价收购景泰蓝，于是有民间商人开始仿制，景泰蓝因此而复兴。此后越来越多的外国人收购景泰蓝，有的商人就专门设厂烧造景泰蓝销往海外，景泰蓝成为一种主要的出口商品。清末民国初年，景泰蓝的质料、做工虽不能与明代器相比，但在某些方面的确比以前也有进步，它成了古玩中最有前景的物品。国人努力制造景泰蓝，这也的确是我们希望看到的。

▲ 明代　掐丝珐琅兽耳象首三足炉

高5.5厘米。上海朵云轩拍卖公司2009年拍卖，成交价15.68万元。

炉身饰缠枝莲纹，兽耳，象首三足，底落"景泰年制"刻款；有小损。

景泰蓝的伪制

制作景泰蓝的主要材料是珐琅。所谓的伪造品，就是不用珐琅而用其他颜料来替代。它的作伪的方法是：先将铜器做好，再用铜丝圈作花纹，将釉质颜料填进后再进行烧烤。例如蓝色，就是用银蓝、硬蓝和黑色三种颜料合在一起粉碎而成的；紫色是用银紫、银蓝与黑色三种颜料合成的；白色是用硬白、银白与粉红三种颜料合成；深绿色是用银绿、硬绿、银蓝与黑色四种颜料合成；浅绿色是用银蓝、银绿、蛋青与地子绿四种色合成；黄色则用银黄研成面末，再将硬黄碎成黄米形状合成。不过，颜色中要掺一点油烟土，器物烧成后才会有砂眼。

烧好的器物用火镀金法镀上光，或用电镀后，再用火镀之法烤。镀好光后再将硬棱的金属磨去，以做成有瑕疵的样子。或者不镀金也可以。至于磨光的方法必须用细石而不可用炭，因为用炭的话磨出的

▲ 清代　铜胎画珐琅开光人物纹梨壶

高20.5厘米。辽宁建设拍卖公司2010年拍卖，成交价3.2万元。

壶铜胎，成于雍正时期；壶盖、壶颈为圆形，壶腹为梨形，壶身两侧安有S形长柄，壶嘴亦为凤首形；盖、柄、流主体绘蓝料彩缠枝莲纹。壶身以黄为地，上绘缠枝莲纹；前后开光中绘以西厢记故事纹；此器做工精湛，色彩艳丽，绘画生动，品相完好。

光亮太刺眼。这几道工序完了以后，再用杏干粥抹上使它生锈，数十天后将浮锈洗去再用脂油擦，这种伪造品的颜色光润，与真货没有什么差别了。

▲ **铜胎掐丝珐琅缠枝莲纹多穆壶**

高53厘米。太平洋国际拍卖有限公司2008年拍卖，成交价17.808万元。

此壶呈圆筒竹节形，斜口圈足，上有盖；壶嘴作铜镀金，壶柄以铜珠串链而成，壶身以蓝色珐琅为地，满饰彩色掐丝缠枝莲纹；形制挺拔，做工精细，色彩绚丽。

▲ **清代　景泰蓝敦**

高24.6厘米，口径27.2厘米。现藏台北故宫博物院。

铜胎，掐丝珐琅。器分上、下两部分，仿青铜器敦之造型。侈口，硕腹向下微敛，圈足，带有圈足圆顶盖，器身与盖各出四道戟。

景泰蓝的鉴别

明代的景泰蓝制品是最好的。凡是明代生产的景泰蓝，其用料都透亮而不发磁，尤其是大绿色，透亮程度比其他颜色更明显，其性质有点像玻璃，颜色像油绿的翠玉。红色的景泰蓝像是昌化的鸡血石，深紫的颜色像旧紫晶，蓝色近似蓝靛，白色近似凝脂，浅绿色中带着蓝色，黄色与搀有黄米粒的姜汁相同。

景泰蓝的丝胎用的都是黄铜镀金，用火镀的方法镀在器上，都有沙眼。乾隆时生产的景泰蓝，无论是哪种颜色，其用料都不透亮，而是发磁，因为明代用的那种透亮材料已经没有了。其丝胎大多用红

▲ **明代　掐丝珐琅葡萄纹尊**

高22.3厘米，口径12.6厘米。现藏台北故宫博物院。

铜胎，侈口，筒颈，平肩，敛腹，撇圈足下附三狻猊形足，器侧上方镶虬龙下方镶鹰；肩与腹部白地以卷须为锦，肩饰如意云头纹，腹饰葡萄纹及一圈仰莲瓣；阶梯式圈足饰两周转枝花叶，底镀金中央阴刻羯磨杵纹，边缘阴刻"景泰年制"一行楷书伪款。

▲ 明代　掐丝珐琅西番莲纹盘

直径19.5厘米。北京长风拍卖有限公司2007年拍卖，成交价168万元。

盘敞口，圈足；盘里整以淡蓝色珐琅釉为地，盘心为红、黄、蓝色组成的大小莲瓣纹两周，周围满饰红、黄、蓝、白色曲折缠绕的番莲花朵及绿色的缠枝花叶；盘外壁也饰以番莲花叶一周；圈足里鎏金阴刻"大明景泰年制"款；该件珐琅盘应为清宫旧藏器物，做工精细，色调柔美。

铜，镀金的方法也是火镀。

乾隆时生产的景泰蓝以黄、白二色为最好，黄色的景泰蓝黄而发干，与煮熟的鸡蛋黄相同，后来的仿造品则是黄中发绿或发红，与乾隆时的干黄怎么也不相同。乾隆时制作的景泰蓝器物上的白色也最难仿制，因为白色与石车石渠石色相同，仿造的人必须用六品顶珠来做，然而顶珠很不容易找到。还有，这种白色显得白而且干，仿造时虽也能配制出一种干料，但烧时不易熔化，比其他用料更耐火，制作时要求工匠的技艺非常精湛，否则，器皿容易受伤。

度量衡器、农器和杂器

古代度量衡器

度量衡器的变迁

测量距离长短的器具称为度，测量体积大小的器具称为量，测量物体轻重的器具称为衡。量与衡是在度的基础上发展起来的，古今中外都是这样。中国各地所用的度量衡，数千年来从未统一，各自为政，参差不齐。

清朝光绪末年，才开始议定统一度量衡，计划以纵累百黍之长定为部尺，以部尺三百十六立寸之体积定为升，以部尺一立寸纯水的重量定为库平八钱七分八厘四毫七丝五忽。如果与法国量制相比较，则1尺是0.32米，1升是1.0355立升，1两是37.301克。如今改用新制，兼用法国度量衡制，与原有营造尺库平制并行，而以公尺、公升、公两等名词加以区别。

现在严格实行新制，各地统一，旧有的名制完全取消，目的是为了社会民众的利益。度量衡器以准确最为关键。现在科学进步，度量衡之制今胜于古，又何况中国古代物阜民丰，人心朴厚，对于度量之事并不谨严准确。古代度量器物，毫无参照价值，只不过存在的器物上许多有古代文字，只对于考证古代史有较大的作用。这是古代度量衡器被现在国人所重视的原因。

度量衡是人们生活日用中不可缺少的器物，人类由禽兽式的单独生活而进化为群居生活，即使在野蛮时代，也必定有其度量方式。进入文明社会后，度量衡更是不可或缺的器物。所以，中国度量衡制度的起始，已经无法确定其年代。但可以断言，三皇五帝之时必定有适合当时社会的度量制度。到了唐虞及三代，度量制度必定已经是极为完备。只因为其定制没有流传下来，所以现在无法考证。只是度量以正确最为关键，虽然现在科学如此发达，对于计算还是有极大的困难，所以古代度量不十分准确也是必然的事情。又何况古制失传已久，光凭书籍上的记叙，其与事实相去甚远，更难以征信了。所以谈论中国度量，大多以秦、汉为起始点。因古今大小不同，短长各异，实在难以换算计量。现仅按照古代有铭刻的度量衡器具，据理以推。古代度量衡器具留存至今天的，最古老的是秦权、汉尺以及莽嘉量数种。所以说到度量的器具，必然要说秦、汉。因前代的度量衡无法考证，因而也无从推论。现谨将存世的度量衡器具略述如下。

权

称锤。权的制造由来已久。太古之时，以水来作衡量的依据。到黄帝时，才开始制造木权，所以权字从木旁。《吕氏春秋》记载："黄帝使伶伦造权衡，以廿四铢为一两，十六两为一斤，而量嘉矣。"

经历五帝及夏、商、周三代，权都是用木材做成的，还没有铸造铜权。自秦始皇二十六年颁诏于天下，才开始改铸铜权。自秦以后，不再用木头造权。所以如今出土的权，最古老的也不会超过秦代，还从未见到过五帝、三代的权。因秦以前的权都是用木制成的，到现在都已经腐朽，绝没有存留于世的。所以有人怀疑，三代以上既然就已经有权了，为什么现在所见最古的也不超过秦、汉？原因就是秦以前没有铜权。

自秦始皇统一权度后，开始铸造铜权，如今秦权世间还存留有。凡是官方标准的权，都镌有铭文，其词是："廿六年，皇帝尽并兼天下诸侯，黔首大安，立号为皇帝。乃诏丞相状绾法度量则不壹欠，疑者皆明。壹之元年，制诏丞相斯，去疾法度量尽。始皇帝为之者有刻辞焉。今袭号而刻辞，不称始皇帝，其于久远也。如后嗣为之者，不称成功盛德，刻此诏，故刻左使毋疑。"凡是官方标准的秦权，都镌有铭文。

权的形状是上奔下侈，文字是环绕着刻上的。顶部有钮，与现在的权没有什么大的差别。没有见到汉权的实物，其实际样式不易测知，但史书上没有见到变更秦制的明令，想必是沿用秦朝的旧制。王莽篡权后，师法夏禹，效仿秦始皇故伎，毁灭先朝典章文物，变更前代器物制度。所以王莽时的度量衡都有新制产生，其详情虽不可得知，但与秦制是迥然不同的。其度量衡器上的铭文有"律石衡兰奉□□容六升，始建国元年正月癸酉朔日制"以及

"律石，始建国元年正月癸酉朔日制"两种式样。其他样式的，还没有见到。即便有，也与这两种格式大体上相差不远。只是实行不久就遭到了毁灭，人民痛恨王莽的所作所为，于是他所制造的器物也遭到毁坏，所以传世的不多。

六朝时，改朝换代之事频频发生，器制也屡屡变更，权的形状也不一致了。最普遍的是葫芦形的铜权。隋唐以来，才开始铸造铁权，然而铜仅仍然居多。到明朝时，普遍都是铸造铁权。明代以后，就再也没有铸造铜权的了。

尺

《吕氏春秋》记载："黄帝使伶伦造尺。"蔡邕《独断》中记载："夏以十寸为尺，殷以九寸为尺，周以八寸为尺。"但按现在出土的尺去验证，周尺合现在的营造尺五寸四分五厘。只是今日出土的尺最古不超过周代，周代以前的尺子始终没有遇到过。因为五帝、夏、商时的都是用木材做的，所以现在没有存世的。直到周朝初年，才开始制造铜尺。周代中叶时，

▲ 新莽　嘉量

高25.6厘米。现藏台北故宫博物院。

此器圆筒形，铸于器表上二百一十六字的铭文，则详细的记述了铸器的缘由，以及各部位的容量及尺寸等等，全器一共分作五个量体，中央之圆形主体。

▲ 秦代　两诏铜斤权

现藏陕西秦始皇兵马俑博物馆。

▲ 两诏铜金权铭文

▲ 秦代　青铜诏文权
北京华夏藏珍国际拍卖有限公司2010年拍卖，成交价3.36万元。

权俗称秤砣、秤锤，是悬挂于秤杆之上可以移动的后世砝码。秦权是秦官府批准的标准砝码。

▲ 权
金懋国际拍卖有限公司2010年拍卖，成交价1.68万元。

又制造了玉尺。如今周朝的铜尺、玉尺都看不到了，其实物只有伪制的了。

现在存世最古老的尺是汉代建初铜尺，以前被江都闵义行收藏，后来归曲阜孔东塘民部所有，后来收入衍圣公府。建初铜尺是唯一存世的汉尺，其色彩没有朱绿彩色而醇古动人。其尺广阔，比现在普通的尺宽一寸，厚度约为普通尺的一半，重量为今日天平称的十八两。《山左金石志》中记载："《居易录》云：'汉章帝时冷道舜祠下得玉律以为尺，与周尺同以铸为铜尺颁郡国，谓之汉尺，此即其一也。'"建初是汉章帝年号。吴江沈冠云形所著的《周官禄田考》中没有记载建初尺的形状，但其书上所绘的古尺图形与建初尺相同，这是周尺与汉尺长度相同的缘故。所以高若讷依据《隋志》所定的十五等尺中，第一为周尺，而实际上就是汉尺。江宁周慢也说："曲阜孔氏所藏铜尺，与沈冠云所述之尺同。"孔民部尚任也说："建初尺与周尺同，当周礼制尺一尺三寸六分，当汉末尺八寸，与唐之开元尺同，当宋省尺七寸五分，当浙尺八寸四分，当明部定官尺七寸五分弱，当今工匠尺七寸四分，当今裁尺六寸七分，当今量地官尺六寸六分，当今河北大布尺四寸七分。"这就是从周尺到汉尺与后代用尺的实际比例。

晋尺也有传世的。据《晋律历志》中说："武帝泰始九年，中书监荀勖校大乐，八音不和，始知后汉至魏尺长于古四分有余，乃令著作郎刘恭依周礼制尺（所谓古尺也）更铸铜律吕，以尺量古器，无差，勖铭其尺曰：'晋泰始十年，中书考古器，揆校今尺长四分半，所校古法有七品：一曰姑洗玉律，二曰小吕玉律，三曰西京铜望臬，四曰金错望臬，五曰铜斛，六曰古钱，七曰建武铜尺。姑洗微强，西京望臬微弱，其余与此尺同。'"

关于古尺的长短及著名的尺制，参阅《隋志》即可明白其详情。据《隋志》记载："尺有十五等：一、周尺与《汉志》王莽时刘歆铜斛尺、后汉建武铜尺、晋泰始十年荀勖律尺为晋前尺，祖冲之所传铜尺近同；二、晋田父玉尺、梁法尺，实比晋前尺一尺七厘；三、梁表尺比晋前尺一尺二分二厘一毫有奇；四、汉官尺比晋前尺一尺三分七毫，与晋始平时掘得古铜尺近同；五、魏尺（杜夔所用调律）比晋前尺一尺四分七厘；六、晋后尺比晋前尺一尺六分二厘（晋氏江东所用）；七、后魏前尺比晋前尺一尺二寸七厘；八、中尺比晋前尺一尺二寸一分二厘；九、后尺比晋前尺一尺二寸八分一厘（后周市尺、开皇官尺同）；十、东魏后尺比晋前尺一尺五分八毫；十一、蔡邕铜籥尺、后周玉尺比晋前尺一尺一寸五分八厘；十二、宋氏尺比晋前尺一尺六分四厘（钱乐之浑天仪尺、后周铁尺、开皇钟律尺同）；十三、开皇十年万宝常律吕水尺，比晋前尺一尺一寸八分六厘；十四、杂尺、赵刘曜浑天仪土圭尺，比晋前尺一尺五分；十五、梁朝俗间尺，比晋前尺一尺十分一厘。"

宋代距今时间不是很久，器物传到今天的很多，只是宋尺极不容易见到。华阴王山史家藏有一件宋三司布帛尺，后归曲阜孔东塘民部。据《山左金石志》记载："《宋史·职官志》，三司，总国计，应四方贡赋之入，朝廷不预，一归三司，通管盐铁、度支、户部，号曰'计省'，位亚执政，目为计相，三司故得自置尺也。"又有《食货志》中说："布帛，宋承前代之制，公私织造，须幅广二尺五分，民所输绢匹，重十二两，河北诸州军重十两，各长四十二尺。此三司通管天下布帛，有定尺也。"因为三司尺就是政府颁定的官尺，其长度约相当于汉建初尺八寸五分，相当于浙尺八寸四分。

元、明以后至今，与现在的尺度没有什么大的差别，在古玩史上没有什么重要地位，所以就不赘述了。并且自古以来，社会上即使偶尔有铜、玉等尺，但都不是普通之物，乃是当时尺度的标准。至于普通使用的尺子，都是用竹木做成的。如今世界上的米突制标准器，用极坚硬、不易受变化的物质做成，贮放在真空中，保存在巴黎，每年校验一次，以防止其计量上的变化。古人以铜玉材质做成标准尺，可能也有防止计量变化的意思。西方人今天所做的事情，我们的祖先早已做过了。此标准量尺的制作就是一个例证。

斗

斗自黄帝时开始出现。《吕氏春秋》记载："黄帝使伶伦造合、升、斗，以井水准其概，十黍为累，十累为铢，十二铢为黄钟一龠，十龠为合，十合为升，十升为斗，十斗为斛，而量嘉矣。"由黄帝至秦朝，历代的斗都是用竹木做成的。《周礼》记载：

▲ 春秋　交龙纹斗

直径15厘米。崇源国际拍卖（澳门）有限公司2006年拍卖，成交价13.156万元。

整体呈钵形，折沿，腹部微鼓，圈底；一侧设曲筒形，中部有穿孔便于安装木柄，弯曲处有一横柱与器口相连，以增强强度；腹饰交龙纹，下接短焦叶纹，内饰变形兽体纹。

区

区也是古代量器之一，读如瓯，不读本音。《左传》有此记载："四升为豆，

▲ 汉代　青铜斗

长50厘米，高11厘米。崇源国际拍卖（澳门）有限公司2008年拍卖，成交价20.7575万元。

宽口沿外侈，深腹略鼓，平底；腹部装饰四道凸弦纹，一侧置一长方形炳，内壁有阳文"寿"字；造型古拙典雅。

▲ 铜尺

"十合为升（升者，所谓登合之量也），十升为斗（斗者，聚升之量也）。以木为斗，上径一寸，下径八分，深八寸。"

到秦始皇二十六年时，统一全国的度量衡，改铸铜斗。汉代中期，王莽又造瓦斗。东汉以来，仍然铸造铜斗。晋代末期，木斗又重新兴盛起来。由隋代至今，历代都用木斗，再也没有人铸造铜斗了。所以现在所见到的斗，只有秦、汉、晋三代的斗器，三代及隋、唐以后的斗器都见不到了。

四豆为区。"这样的话，每区就是十六升。只是古代的区是什么形状、样式，没有实物可以考证，也没有书籍可以参考。清宫中藏有汉长区，见《西清古鉴》中的记载："高六寸九分，深五寸二分，口径二寸一分，腹纵七寸二分，横三寸二分，重五十两，两耳有环，形如短口大肚矮瓶，底有铭文，曰'长区容一斗'五字。"较之古器要小多了。

缶

缶本来是瓦器，大腹敛口，可以盛贮流质。在古时也作为量器，但却是铜质而不是瓦质。《小尔雅》称，缶能存四斛。留存于世的，只有清宫中保存有，《西清古鉴》上记载有。其形式与区大致相同，只不过有盖而已。据《西清古鉴》记载说："该缶通盖，高八寸二分，深六寸五分，口径二寸八分，腹纵五寸五分，横九寸六分，重一百二十八两，两耳连环。"

钟

钟也是古代量器之一，形状像长项大腹高瓶。据《左传》称，可以容纳六斛四斗，汉代的钟世间还保存有。据《博古图》记载："有汉建武太官钟，高一尺五寸五分，深一尺三寸，口径五寸八分，腹径一尺一寸，容二斗九升五合，重二十一斤二两，铭文为'太官铜钟，容一斛，建武十年，工伍舆造考工令史由丞或令通主太仆监掾苍省'等字。清宫藏有汉永建钟，据云，高一尺一寸四分，深八寸六分，门径四寸四分，腹围二尺四寸六分，重一百二十七两，两耳有环，铭云'永建元年四月二十五日，作工张文高作钟'等字。又有汉食官钟二，一高一尺三寸九分，深一尺一寸六分，口径六寸，腹围三尺五寸二分，重十斤七两，铭'食官，一年造，重五十斤四两'；一高一尺三寸七分，深一尺二寸五分，口径五寸二分，腹围三尺，高四寸二分，重十一斤四两，铭'食官钟，重五十斤，十年六月乙未望日造'等字。"

钫

读作方音，也是古代的量器，与钟的作用相同，只是形式不同。形态呈圆形的称为钟，形态呈方形的称为钫。《陶斋

吉金录》记载有汉钫七器，其铭或"容六升"，或"容四升"，大小不同。

古代度量衡器的伪制

古代度量衡器的种类、式样，按照书籍上的记载为数极多，但现在能够见到的却很少，都有难以传至今日的原因，并非都是毁灭、遗失造成的。如历代的权大多为铁质，没有文字的居多，而有文字的权

▲ 汉代 素缶
高18.8厘米。现藏台北故宫博物院。
盘口、短颈、平肩，器肩两侧有兽首衔环，全器做长方圆筒形。

▲ 西汉 釜
高14.3厘米，口径22.7厘米。现藏河北省博物馆。
敞口，折沿，作母口状，方立耳，耳内侧有直槽，腹壁较直，下内收，平底，假圈足。

▲ 秦代　鸟钮钫

高34厘米，口边长10.8厘米。现藏云梦县博物馆。

方口略侈，高颈，斜肩，方腹弧壁，圈足较高，设一对铺首衔环耳。

▲ 西汉　变形蟠龙纹钫

高55.5厘米，口边长15厘米。现藏南越王墓博物馆。

方折口沿，颈略收，弧面方腹，方圈足四隅有短柱足；肩四壁有铺首衔环，铺首由体躯交缠的龙纹组成，环上饰斜角云纹，颈饰三角云纹，下连一周斜角云纹。

都是当时的标准物，在当时存在的就不多。尺都是以竹木制成的，铜、玉质的尺也是标准物。斗、钟之类的器物，木制的较多，所以铜质的器具传到今天的，只是数量很有限，而且大多为世人所共知的。作伪的人就是在根据这个范围内的器物进行伪制。凡是未见著录的，概不伪制，因为没有办法欺骗世人。

伪制权时，就是利用出土的无字权进行伪制。因文字是评判权的价值的唯一标准，如果没有文字，就和废铜烂铁没有什么差别。得到这种权的人，就根据其存在的年代伪刻文字。现在能够见到的古权，十之八九都是后来伪刻的文字。

伪制尺时，大多使用锡、铅为材料。因三代的铜器质地是金、银、铜、铁、锡的混合物，传到今天，银质极为显著。但与锈混合后，大多呈现出似锡似铅的状态，不知道的还以为古物是锡、铅制成的。伪制铜尺的，就是用锡、铅进行伪制，猛一看很像古物。至于铜、玉制成的尺，现在并不多见。

各种量器大都没有文字，即使有也为数有限，只被研究度量衡专家所重视，在古玩器中没有什么重要价值，几乎没有伪制品。

古代度量衡器的鉴别

古代度量衡器如果是后来镌刻上的文字，用加碱的开水刷洗一下，真品文字内外的颜色与其他部分完全相同，所生的锈也不会轻易脱落。而伪制品的锈会完全坠落，新旧真伪昭然若揭。并且文字的精神风韵必定与时代相符合，伪造者即使描拓照刻，可以得到形似，而绝不能做到神似。精于书法的，一见即明，无需要洗刷推敲了。如果这两种方法都不可行，用舌尖舔一下，真品没有任何味道，有盐卤味的都是伪制品，因盐卤为伪制时所必须的原料。

至于尺的鉴定则非常容易。古时虽然有玉制的尺，但还没有听说有传到今天的。铜制的尺的数量也有限，而且必定符合时代，符合定制。即使是颜色文字，也必定都合乎情理，这才是真品。锡、铅制成的都是伪品，因古代还没有用锡、铅来制作尺的。

总之，古代度量衡器，传到今的极少。如有得到的，其价值可与金玉相比，所以千万不要忽视它。

古代农器

中国以农业立国。自从神农发明农业以后，农耕技术随着时代的发展而不断进步，而所使用的农器也随之不断发明，不断改进。如果从农器的种类来说，其数量很多，只是历代的农器流传下来的很少。因为农器是民间日常生产使用的东西，所

▲ 民国　五公斤标准量
　直径10厘米，高14厘米。现藏台北故宫博物院。

▲ 民国　标准"合"量
　直径7厘米，高7厘米。现藏台北故宫博物院。

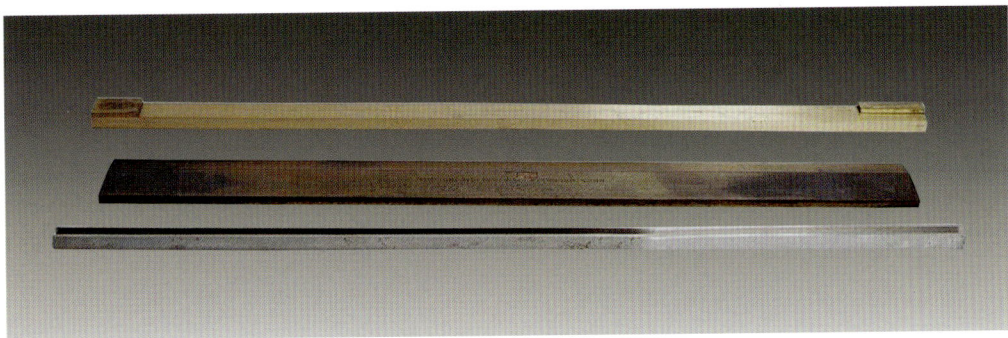

▲ 民国　标尺
　通高107厘米，底座长3.5厘米，宽2.5厘米。现藏台北故宫博物院。

以被人看作是无足轻重的东西。因此流存到现在且又有文字可以考证的，不过只有几种罢了。

说起古代农器的形式，大多数都是上窄下宽。样子像铺的农器，称为"藁"；背厚而腹薄的农器，称为"钱"和"镈"；用来悬挂而中间空的农器，称为"铃"和"铎"；后部宽厚而前部尖锐的农器，称作"犁"。

古代农器上大多数没有文字。从现在保存下来的农器上来看，农器上的文字有篆书、隶书和楷书。至于草书，则还没有见到过。现将古代几种常见的农器列举如下，以供参考。

藁葡

古代的农器，用来起土，和现在的铲的形状大略相同。

钱

古代的农器，用来划地、除草，其实就是现在的铁铲。因为后来将其改为货币的名称，将"钱"这个名字当作农器的名称使用的人就逐渐减少了，现在则完全没有人使用了。

镈

古代的农器，用拍地、除草的农具，估计是现在的锄之类的东西。器刃用铁制作，柄用木头制成。

铃

用铜铁制成圆壳，上面有细小的裂缝，把铁丸放在里面，摇动它就发出声响。用途是把它悬挂在马、牛、羊的脖颈上，农民放牧的时候，顺着声音可以找到这些牲畜，避免牲畜丢失。现在还有人使用铃。

铎

铎就是大铃。古时把它作为振摇以示文治教化的用具，后来被改用到建筑物上，作为檐铎、风铎。自汉代以后，竟然把它悬挂在马、牛、羊的脖颈上，与铃完全相同了。

犁

犁是耕地用的器具，用来翻土和挖掘草根。其刃部称为耜，用铁制成；弯曲的木柄称为耒。古代所用的犁，与现在所用的犁大致相同。

中国以农业立国，在四千年前，农事就已经很发达。以理推论，所使用的农器也必定不在少数，只是与文化有关的并不多。以上各种农器，都是有文字的古代农器，在文献上有重大的帮助，所以列入古玩之内。其他没有什么重要关系的，概不列入，因此这里并没有列出古代所有的农器。

▲ 商代 铲

通长21.2厘米。现藏中国社会科学院考古研究所。

呈长方形，四角漫圆，较薄；刃部有剥落痕迹；柄的平面呈长条形。

杂器

一切日用所需的铜器。

杂器中用铜器制作的也很多，如：

币

币的种类是最繁多的，也是古玩中的一种。

节符牌

节即是符节，古代使臣拿在手里的信物。《周礼》中有掌节的注解，说"掌守邦节而辨其用，以辅王命"，古代有龙节、虎节等。符也是节的意思，在符上书写文字或图记，剖开分为两块，双方各执其中的一块，合到一起作为信证，如秦朝和汉朝的虎符、唐朝的鱼符、龟符和金鱼符等。牌也是符信的一种，就像现在机关所发的徽章一样，不过并非人人都有，遇到需要时才使用它，如宋牌、明牌、西夏国书牌、蒙古书牌、清朝的三体国书牌等，都是牌。

甗

和故宫三大殿的金缸完全相同，并不像以前由甑、鬲二种器具构成的那样。

釜

虽然是锅，但并不像今天的锅那样，而是有圈足的鱼缸。

镬

形状像大腹小口的瓶子。

鍪

鍪读作谋，属于镬类。反唇大腹，口小而敞，底部平圆，没有足。一面有小朝天耳的提手，而另一面有流。

鍂镂

读作侯漏，盛放熟食的器具。呈圆筒形，腹部较宽，下面有三足和一个把手。

▲ 商代　箕形器

通长27.3厘米，器长17.3厘米。现藏中国社会科学院考古研究所。

器身如箕，左、右、后各有挡板，后挡板中部安柄；柄中空，柄底面中部有一孔，用以钉插销固定木柄。

▲ 新莽 金错刀

高7.6厘米。现藏于大英博物馆。

轮廓斜削，笔画细挺。币面深厚质朴的篆隶文字与厚重笃实的钱体浑然一体，被历代藏家誉为"钱绝"。一刀平五千上的"一刀"二字采用了特殊的镶嵌黄金工艺——错金工艺。

▲ 汉代 兽环釜

高11.8厘米。现藏台北故宫博物院。

盘口、深腹、平底；腹饰弦纹，腹两侧饰兽首衔环。

▲ 商代 父乙甗

高50.5厘米，口径31.5厘米。现藏陕西凤翔县文化馆。

粗绳形立耳，侈口，甗体略宽，袋腹鬲，三柱足；甑饰兽面纹一周，鬲饰牛角形兽面纹，无地纹；甑内壁铸铭文三字。

有平盖，盖上有三朝天环耳。

盆

像今天的荷花盆，腹部宽广，口小而敞，两旁有半环耳。

铞

与盆相同，只是口部与腹部大致相等，下部有小耳。

渠铫

像现在用的槟榔壳勺。

勺

具有长柄的小盆称为勺。

漏壶

计时的器具，像现在的新式大水壶，圆柱体下有三足，底旁有流和盖。